세계가 놀란 발명 이야기

《세계가 놀란 발명 이야기》는 초등학교 교과서의 이런 단원과 관련이 깊어요

📖 **3학년 1학기 국어**
　4. 마음을 전해요 〈한글을 만드신 세종대왕〉

📖 **4학년 1학기 국어**
　7. 넓은 세상 많은 이야기 〈내 마음을 사로잡은 경주〉

📖 **5학년 1학기 국어**
　2. 사실과 발견
　　(2) 알리고 싶은 내용 〈김정호의 집념〉

📖 **5학년 2학기 국어**
　2. 발견하는 기쁨
　　(2) 차근차근 알아보며 〈청주 고인쇄 박물관〉

📖 **3학년 1학기 과학**
　4. 날씨와 우리 생활
　　(1) 기온, 바람, 구름, 비

📖 **2학년 2학기 바른 생활**
　3. 아름다운 우리나라

📖 **3학년 1학기 사회**
　3. 고장의 생활과 변화
　　(1) 의식주 생활의 변화
　　(2) 지혜를 담아 온 생활 도구

📖 **5학년 1학기 사회**
　1. 우리나라의 자연 환경과 생활
　　(2) 자연 환경을 이용한 생활

📖 **5학년 2학기 사회**
　3. 우리 겨레의 생활 문화
　　(1) 조상들의 멋과 슬기

📖 **6학년 1학기 사회**
　1. 우리 민족과 국가의 성립
　　(3) 유교를 정치의 근본으로 삼은 조선

📖 **6학년 음악**
　6. 한글날 노래

오십 빛깔 우리 것 우리 얘기 ⑪

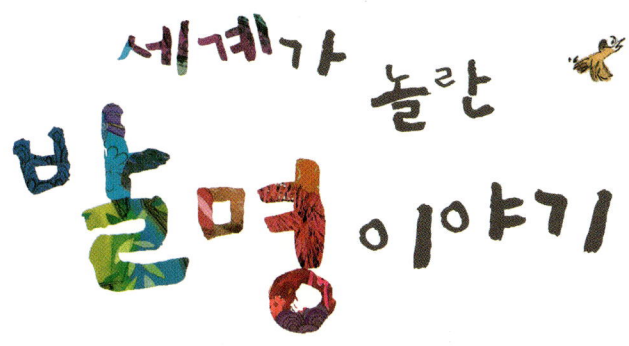

세계가 놀란 발명 이야기

우리누리 글 • 백명식 그림

주니어 중앙

추천의 말

어린이가 꿈을 키우는 터전

꿈 많은 어린 시절엔 장대한 역사와 위대한 문화유산에 관한
책을 읽는 것이 좋다.
거기에는 어린이가 꿈을 키우는 터전이 있기 때문이다.
감수성 예민한 어린 시절엔 흥미로운 그림을 통하여
재미있게 이야기를 풀어 간 책이 좋다.
그것은 시각적 인식을 통해 어린이의 상상력을 자극하기 때문이다.
『오십 빛깔 우리 것 우리 얘기』는 이런 필요조건을 갖춘
고급 어린이 교양도서라 할 만한 것이다.

유홍준
(전 문화재청장, 현 명지대 교수,
『나의 문화유산 답사기』 저자)

이 책을 추천해 주신 선생님들

• 전래 놀이, 풍속과 관련된 수업에 활용하고 있습니다. 옛 풍속과 관련해서 요즘에는 잘 사용하지 않는 용어들이 있어서 아이들이 어려워하는데, 이 책에는 사진 자료와 함께 쉽고 정확하게 설명이 되어 있어 아이들이 이해하기 쉽게 되어 있습니다.
— 손영수 선생님(가사초등학교)

• 아이들이 우리의 전통문화를 쉽게 접할 수 있도록 도움을 주는 소중한 자료입니다. 우리 학교의 독서 퀴즈 대회에서 매년 사용하는 책이랍니다.
— 성주영 선생님(도당초등학교)

• 우리의 옛 풍습과 문화, 관혼상제 등에 대해 자세히 설명되어 있어 수업을 하기 전에 미리 읽어 오라고 하는 도서입니다.
— 전은경 선생님(용산초등학교)

• 우리의 문화와 역사를 초등학생들이 이해하기 쉽도록 재미있는 옛이야기로 풀어낸 점이 가장 마음에 듭니다. 초등 교과와 연계된 부분이 많아 학교 수업에 많이 활용하는 도서입니다.
— 한유자 선생님(삼일초등학교)

김임숙 선생님(팔달초)	조윤미 선생님(화양초)	이경혜 선생님(군포초)	염효경 선생님(지동초)
오재민 선생님(조원초)	박연희 선생님(우이초)	박혜미 선생님(대평중)	이진희 선생님(수일초)
최정희 선생님(온곡초)	정경순 선생님(시흥초)	박현숙 선생님(중흥초)	김정남 선생님(외동초)
이광란 선생님(고리울초)	김명순 선생님(오목초)	신지연 선생님(개포초)	심선희 선생님(상원초)
문수진 선생님(덕산초)	정지은 선생님(세검정초)	정선정 선생님(백봉초)	김미란 선생님(둔전초)
김미정 선생님(청덕초)	조정신 선생님(서신초)	김경아 선생님(서림초)	김란희 선생님(유덕초)
정상각 선생님(대선초)	서흥희 선생님(수일중)	윤란희 선생님(안산시근로자시민문화센터어린이도서관)	

『오십 빛깔 우리 것 우리 얘기』를 펴내며
향기를 오롯이 담아낸 그릇

『오십 빛깔 우리 것 우리 얘기』 시리즈가 처음 출간된 지 어느덧 16년이 되었습니다. 그동안 수많은 어린이와 부모님 그리고 선생님들의 사랑을 받으며 전 50권이 완간되었고, 어린이 옛이야기 분야의 고전(古典)이자 스테디셀러로 굳건히 자리매김해 왔습니다.

이 시리즈는 '소중히 지켜야 할 우리 것'에 대한 이야기를 어린이를 위해 '쉽고 재미있게' 풀어쓴 책입니다. 내용으로는 선조들의 생활과 풍습 이야기, 문화재와 발명품 이야기, 인물과 과학기술·예술작품 이야기, 팔도강산과 고유 동식물 이야기 등 우리나라 역사와 전통문화 모든 영역을 총망라하고 있습니다. 그리고 이를 50가지 주제로 엮어 저학년 어린이도 얼마든지 볼 수 있도록 맛깔나는 옛이야기로 담아냈습니다. 장대한 역사와 위대한 문화유산을 배우기에 옛이야기만큼 좋은 형식도 없기 때문입니다.

대한민국 국민으로서 알아야 하고 전해야 할 우리 것, 우리 얘기는 아주 많습니다. 그동안 이 시리즈를 통해 많은 어린이가 우리 것을 알게 되고, 우리 얘기를 사랑하게 되었을 것입니다. 시간이 흘러도 역사와 전통문화의 향기는 변하지 않기 때문입니다.

하지만 저희는 그 향기를 담아내는 그릇이 그간 색이 바래고 빛을 잃었다는 사실에 가슴이 아프고 안타까웠습니다. 그래서 책에서 전하는 우리 것의 향기를 오롯이 담아낼 수 있는 새로운 그릇을 찾고자 하였습니다. 그 그릇을 통해 향기가 더욱 그윽해지고 멀리까지 퍼져서 수백 년, 수천 년 전의 우리 것이 오늘날에도 살아 숨 쉴 수 있도록 생명력을 주고자 하였습니다.

이에 몇 가지 원칙을 가지고 『오십 빛깔 우리 것 우리 얘기』 시리즈를 새롭게 출간하게 되었습니다.

◎ 원작이 가지는 옛이야기의 맛과 멋을 그대로 살렸습니다.
◎ 요즘 독자들의 감각에 맞추어 디자인과 그림을 50권 전권 전면 개정하였습니다.
◎ 교과 학습의 길잡이가 될 수 있도록 연계 교과를 표시하였습니다.
◎ 학습정보 코너는 유익함과 재미를 함께 줄 수 있도록 4컷 만화, 생생 인터뷰, 묻고 답하기 등으로 내용을 재구성하였고, 최신 정보와 사진을 수록하였습니다.
◎ 도표, 연표, 역사신문, 체험학습 등으로 권말부록을 풍성하게 꾸며서 관련 교과 학습을 강화하였습니다.

이 책을 처음 읽었을 8살 꼬마 독자는 지금쯤 나라와 민족에 긍지를 가진 25살 자랑스러운 대한민국 청년이 되었을 것입니다. 그 청년이 부모가 되어서도 자녀에게 다시 권할 수 있는 그런 책이 되기를 바라며, 이 시리즈를 오십 빛깔 그릇에 정성껏 담아 내어놓습니다.

주니어중앙

글쓴이의 말

우리의 자랑스러운 천재 발명가들

조상들의 솜씨가 빛나는 우리의 발명품에는 무엇이 있을까요? 또 그 발명품 속에는 어떤 이야기가 숨어 있을까요? 예로부터 우리 조상들은 영리하고 솜씨 좋기로 다른 나라에 널리 소문나 있었어요.

아주 오래전에 이미 지금의 천문대와 같은 첨성대를 쌓았고, 세계에서 맨 처음으로 측우기와 금속 활자, 철갑선인 거북선을 만들었어요. 세상에서 가장 아름다운 도자기를 빚기도 했고요. 그리고 가장 뛰어난 글자 가운데 하나인 한글도 만들었어요.

중국이 화약 만드는 법을 가르쳐 주지 않으니까 '우리 힘으로 만들어 보자' 하고 노력해서 뜻을 이루기도 했어요. 식물의 씨앗

을 개량하기 위해 연구한 우장춘 박사처럼 아주 훌륭한 과학자도 있었지요.

　어린이 여러분은 이 책을 읽으면서 우리 조상들이 얼마나 뛰어났는지 알게 될 거예요. 우리는 이러한 옛 어른들의 솜씨를 이어받았어요. 그래서 오늘날에도 우리나라를 빛내는 발명품을 만드는 등 뛰어난 과학 기술로 업적을 쌓는 사람들이 많아요.

　어린이 여러분도 열심히 노력해서 우리 조상들의 슬기와 지혜를 이어 주세요.

어린이의 벗 우리누리

차례

🌼 **동양에서 가장 오래된 천문대 첨성대** 12
　백두 낭자 · 한라 도령과 함께 알아보는 **역사 속 과학지식**
　달력은 어떻게 만들어졌을까?　22

🌼 **중국과 서양에 전해 준 금속 활자** 24
　백두 낭자 · 한라 도령과 함께 알아보는 **역사 속 과학지식**
　나무판으로 찍은 책 가운데 가장 오래된 것은 무엇일까?　34

🌼 **정성으로 빚은 푸른빛 고려청자** 36
　백두 낭자 · 한라 도령과 함께 알아보는 **역사 속 과학지식**
　상감 청자는 어떻게 만들까?　46

🌼 **왜구를 벌벌 떨게 한 화약** 48
　백두 낭자 · 한라 도령과 함께 알아보는 **역사 속 과학지식**
　화약은 어떤 곳에 쓰일까?　58

🌼 **스스로 치는 물시계 자격루** 60
　백두 낭자 · 한라 도령과 함께 알아보는 **역사 속 과학지식**
　천재 발명가 장영실은 어떤 사람이었을까?　70

노란 비의 비밀을 밝힌 측우기 72
백두 낭자·한라 도령과 함께 알아보는 역사 속 과학지식
사람들은 왜 날씨를 관찰하려고 했을까? 82

세계에서 가장 합리적인 글자 한글 84
백두 낭자·한라 도령과 함께 알아보는 역사 속 과학지식
글자는 어떻게 생겨났을까? 94

세계 최초의 철갑선 거북선 96
백두 낭자·한라 도령과 함께 알아보는 역사 속 과학지식
거북선의 활약은 어떠했을까? 106

방방곡곡 흘린 땀으로 그린 대동여지도 108
백두 낭자·한라 도령과 함께 알아보는 역사 속 과학지식
우리나라에는 어떤 지도가 있었을까? 118

온 나라에 소문난 씨 없는 수박 120
백두 낭자·한라 도령과 함께 알아보는 역사 속 과학지식
우장춘 박사가 연구할 때 가장 중요하게 여긴 것은 무엇일까? 130

부록 · 교과가 튼튼해지는 우리 것 우리 얘기 132
- 소중한 우리의 전통 과학 기술 유산
- 우리가 함께 기억해야 할 과학 위인

지금으로부터 약 1350여 년 전, 신라 때 일이에요.

그때 신라는 선덕여왕이 다스리고 있었어요. 선덕여왕은 아주 지혜로웠어요. 어진 정치를 베풀어 백성들에게 존경을 받았지요. 김유신, 김춘추와 같은 훌륭한 신하들도 여왕을 도왔어요.

어느 날 선덕여왕이 신하에게 말했어요.

"농사를 잘 지으려면 하늘에 있는 해와 달 그리고 여러 별의 움직임을 잘 살펴야 하오. 아주 오랜 옛날부터 그렇게 해 왔지만, 이제는 정확하게 관찰을 했으면 하오. 그래야 믿을 만한 달력을 만들 수 있지 않겠소?"

"옳은 말씀입니다."

선덕여왕은 하늘을 관찰하는 장소, 즉 천문대를 쌓도록 했어요.

하늘의 움직임과 날씨는 관계가 깊어요. 날씨는 사람들의 생활에 아주 큰 영향을 미치지요. 그래서 사람들은 오래전부터 하늘을 관찰했어요. 지금으로부터 약 4000년 전인 단군 할아버지 때에도 '참성단'이라는 곳이 있었거든요. 해와 달, 별의 움직임을 보면서 하늘에 제사를 올린 곳이었지요.

선덕여왕은 천문대를 경주의 반월성 뒤 광장에 만들기로 했어요. 경주는 신라의 서울이었지요. 광장에는 날마다 돌 벽돌을 만들어 쌓는 소리가 요란했어요.

그런데 천문대가 한창 완성될 즈음 선덕여왕이 그만 세상을 뜨고 말았어요. 647년 1월 8일의 일이었어요.

"여왕께서 천문대가 완성되는 것을 보지 못하고 돌아가시다니……."

사람들은 모두 슬퍼했어요.

"선덕여왕님을 기리는 마음으로 돌 벽돌을 27단으로 만듭시다. 여왕님은 우리 신라의 스물일곱 번째 왕이셨으니까요."

사람들은 다시 서둘러 일을 했어요. 천문대는 곧 완성되었어요. 사람들은 이것을 '첨성대'라고 이름 지었어요. 이것이 바로 동양에서 가장 오래된 천문대예요.

첨성대는 높이가 9.17미터, 밑지름이 4.93미터, 윗지름이 2.85미터예요. 30센티미터 높이의 돌 벽돌 362개를 쌓아 만들었고, 둥글고 아름다운 병 모양이지요. 맨 아랫단부터 약 4.16미터 위에 네모난 창이 남쪽을 향해 나 있어요.

그런데 첨성대에서는 어떻게 하늘을 관찰했을까요?

안타깝게도 이것에 관해 쓴 책은 지금 전해지지 않아요. 그래도 몇 가지 짐작을 해 볼 수는 있어요.

먼저 맨 위에 나무 건물이 얹어져 있었을 거라고 추측할 수 있어요. 여기에 하늘을 관찰하는 기계인 천체 관측기가 설치되어 있었을 거예요.

아니면 위에 아무것도 두지 않고 그대로 밤하늘을 관찰했을 거라고 생각해 볼 수도 있어요. 첨성대 꼭대기에는 천장이 없어요. 그냥 하늘이 보이게 뚫려 있지요. 꼭대기에는 네모난 틀이 있는데 동서남북을 가리켜요.

첨성대는 어느 쪽에서 보아도 똑같은 모양이에요. 그래서 태양빛 때문에 생기는 해그림자를 정확히 잴 수 있어요. 해그림자의 길이를 재서 태양 고도를 알아냈지요. 해시계로도 쓰인 거예요. 또 봄과 가을에는 햇빛이 창문으로 들어와 첨성대 바닥까지 훤히 비춰요. 하지만 여름과 겨울에는 그렇지 않지요. 그래서 이것을 보면 계절이 언제 시작되는지 정확하게 알 수 있어요.

신라 사람들은 하늘에 대해 관찰한 것을 모두 적어 두었어요. 그동안 많이 없어져서 지금까지 전하는 기록은 약 320건 정도 뿐이에요. 하지만 기록이 이만큼 남아 있는 것도 아주 자랑스러운 일이에요.

이 기록을 보면 우리 조상들이 아주 오래전부터 월식과 일식을 관찰했다는 것을 알 수 있어요. 월식은 지구의 그림자가 달을 잠시 가리는 것이에요. 그래서 달의 한쪽이 어둡게 보이거나 아예 보이지 않게 되지요. 일식은 달이 해를 가려 지구의 일부 지역에서 해의 전부 또는 일부를 볼 수 없게 되는 것이에요. 그래서 대낮이어도 어두컴컴해지지요.

신라 사람들이 일식과 월식에 대해 알게 된 것은 아주 오래전이었어요. 나라를 막 세웠을 무렵이니까요.

　하늘을 관찰하는 우리의 뛰어난 솜씨는 일본으로 전해지기도 했어요. 553년에는 일본 왕이 천문학자를 보내 달라고 백제 왕에게 부탁했어요. 그래서 백제는 그 다음 해에 학자들을 일본으로 보냈어요. 백제 학자들은 일본 사람들에게 하늘을 관찰하는 방법을 가르쳤지요. 602년에도 사람을 보내 책을 전했어요. 그리고 일식과 월식에 대해 알려 주었어요. 그 뒤부터 일본에서도 비로소 일식과 월식이 언제 일어났는지 기록하게 되었어요.

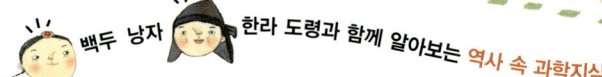 백두 낭자 한라 도령과 함께 알아보는 역사 속 과학지식

달력은 어떻게 만들어졌을까?

 이 세상에 달력이 없다면 오늘이 가도 다음에 어떤 날이 올지 알 수 없을 거예요. 이 달이 지나면 다음에 어떤 달과 계절이 다가오는 지도 정확히 알 수 없을 거고요. 우리 생활에 꼭 필요한 달력, 어떻게 만들어졌는지 알아볼까요?

'밤이 지나면 낮이 되고 또 시간이 흐르면 밤이 돼. 언제나 마찬가지야.'
옛날 사람들은 이것을 '하루'라고 부르기로 했어요. 그래서 하루가 지날 때마다 긴 줄에 매듭을 하나씩 묶기로 했어요. 그리고 나서 나중에 매듭이 몇 개인지 세어 보았지만, 이런 방법은 아주 불편했어요. 또는 하루가 지날 때마다 나무 기둥에 송곳으로 줄을 그어 놓기도 했어요. 하지만 이 방법도 불편하기는 마찬가지였어요.

그러면서 사람들은 새로운 사실을 깨닫게 되었어요. 밤과 낮의 길이가 언제나 똑같지는 않다는 것이었지요.

날짜가 하루씩 나와 있는 달력이에요.

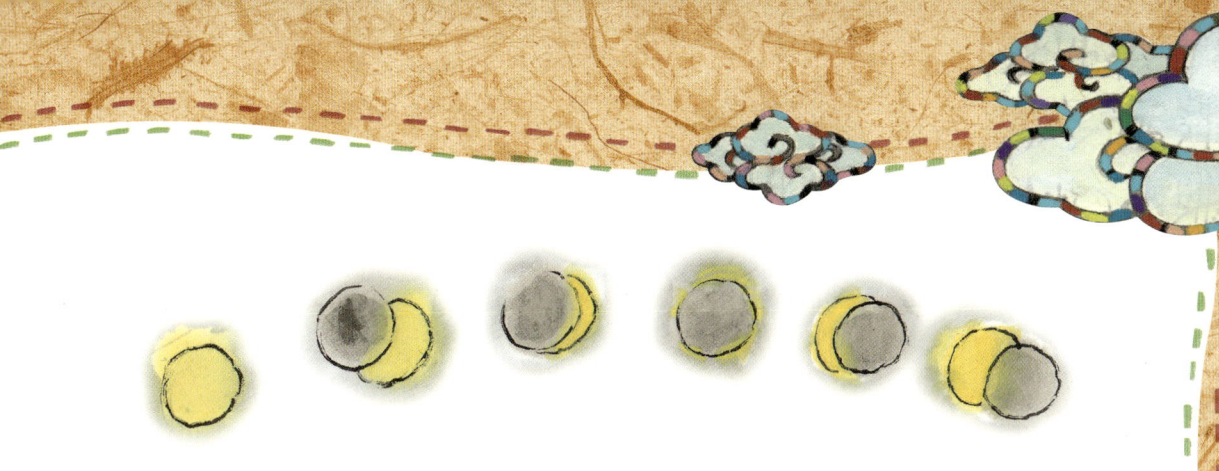

　'아하! 시간에는 규칙이 있구나. 더구나 하늘의 해와 달이 어떻게 변하는지 관찰하면 미리 알 수도 있어.'
　왜냐하면 시간이 흐르는 것은 해와 달 그리고 여러 별의 움직임과 관계가 있거든요. 시간의 흐름에 따라 날이 지나고 철이 바뀌고 새해가 오지요.

그러면 한 달은 어떻게 헤아렸나요?

　한 달은 달의 모양 변화를 보고 헤아렸어요. 초승달은 하루하루 지나면서 동그란 보름달로 바뀌어요. 보름달에서 다음 보름달이 될 때까지는 30일이 걸리지요. 사람들은 이것을 '한 달'이라고 부르기로 했답니다.
　한편, 비가 많이 와서 물난리가 나면 사람들은 큰 불편을 겪었어요. 그런데 가만히 보니까 열두 달쯤 지나면 물난리가 다시 되풀이되는 것이었어요.
　'아하! 달이 열두 번 바뀌면 비슷한 일이 되풀이되는구나. 이것은 해의 움직임 때문이다. 이것을 한 해라고 불러야겠다.'
　이렇게 해서 사람들은 시간을 날과 달, 해로 나누면 편리하다는 것을 알게 되었어요. 그리고 이렇게 알게 된 것들을 농사짓는 데 활용했지요.
　이렇게 나누어 놓은 시간을 표시한 것이 달력이랍니다.

중국과 서양에 전해 준

금속 활자

책은 어떻게 만들까요? 우선 종이가 있어야 하지요. 그리고 종이에 글자를 찍어야 해요. 이것을 인쇄라고 하지요. 인쇄를 하려면 활자가 필요해요. 활자는 쇠나 나무로 된 판에 글자를 하나하나 새겨 넣은 것이에요.

아주 오랜 옛날에는 활자가 없었어요. 그래서 사람들은 손으로 글을 써야만 했어요. 하지만 손으로 쓰는 것은 매우 느렸어요. 똑같은 책을 많이 만들려면 몇 번이고 되풀이해서 손으로 써야 하니까 아주 힘들었지요.

그 뒤 사람들은 나무판에 글자를 새겼어요. 글자를 새긴 나무판에 먹물을 묻혀 종이에 찍었지요. 손으로 일일이 쓸 때보다 쉽게 책을 만들 수 있었어요.

그러던 어느 날, 고려 때의 일이었어요.

"자, 이제 새 책을 만들어야 하는데."

"지난번에 만든 나무판은 쓸모없으니 버려야겠군."

새로운 책을 만들려면 나무판을 새로 새겨야 했어요. 그래서 책 만드는 사람들이 모여 의논을 했지요.

"글자를 하나하나 따로 만들면 어떨까? 그래서 글자들을 따로 모아 두는 거야. 그러면 다른 책을 만들 때 글자판을 짜서 또 쓸 수 있잖아."

"나무로 만들면 닳아서 오래 두고 쓰지 못할 거야. 쇠로 만들면 튼튼하고 좋겠지?"

하지만 쇠로 활자를 만드는 일은 쉽지 않았어요.

"쇠로 만들려면 거푸집이 있어야 해. 하지만 아주 조그만 글자의 거푸집을 어떻게 만들 수 있을까?"

거푸집은 쇳물을 붓는 틀이에요. 쇠를 아주 뜨거운 불로 녹이면 쇳물이 되지요. 이 쇳물을 자기가 원하는 모양의 거푸집에 붓는 거예요. 이것이 식으면 딱딱하게 굳어요. 이렇게 하면 칼도 만들고 농사일에 필요한 호미도 만들 수 있어요.

하지만 책에 쓰이는 활자는 호미나 칼에 비해 아주 조그맣지요. 그러니 거푸집을 만드는 것은 쉬운 일이 아니었어요. 어려움은 또 있었어요.

"종이나 먹물도 지금과 같은 것으로는 안 돼. 쇠에 먹물을 묻히면 종이에 잘 찍히지 않을 테니 세게 눌러야 해. 그러자면 종이도 아주 질겨야겠지. 그렇지 않으면 쉽게 찢어지고 말 테니까."

사람들은 여러 가지 방법으로 실험하고 연구를 거듭했어요.

"됐네, 됐어. 거푸집을 만들 수 있어."

거푸집을 연구하던 사람이 말했어요.

"자, 잘 보게나."

그 사람은 바닥에 부드러운 모래를 편평하게 깔았어요. 그러고는 단단한 나무 조각에 글자를 하나하나 새겨 넣은 다음, 이것을 모래 위에 꾹 눌렀어요. 마치 도장을 찍는 것처럼 말이에요. 그러자 모래 위에 글자 모양이 선명하게 찍혔어요.

그 사람은 그 위에 쇳물을 아주 조금 부었어요.

"조금만 기다려 보게."

잠시 뒤 쇳물이 식자 딱딱한 쇳덩어리가 되었어요.

"여기에 묻은 모래를 이렇게 털어 내면……. 자, 어떤가?"

그 사람이 들어 보인 쇳조각에는 아까 나무에 새긴 글자가 들어 있었어요. 나무 글자와 똑같은 모양이었어요.

"정말 대단하군. 이렇게 하면 모든 글자를 다 만들 수 있겠어.

책을 만들 때 필요한 글자만 모아 찍어 내는 거야. 쇠로 만들었으니 오래오래 쓸 수도 있고 말이야."

먹물과 종이 문제도 곧 해결되었어요. 먹물에 기름을 섞었더니 쇠로 만든 활자에도 잘 묻었어요. 또 얇으면서도 질긴 종이도

만들어 냈지요. 우리 민족은 원래 종이 만드는 솜씨가 빼어났거든요.

이렇게 완성된 것이 금속 활자, 즉 쇠로 만든 활자예요. 세계 최초로 발명한 것이었지요. 하지만 그게 언제였는지는 정확하게 알려지지 않았어요. 그때 만든 책이 별로 남아 있지 않기 때문이에요.

다만 지금까지 전해지는 고려의 《남명천화상송증도가》라는 책에 보면, 1232년 이전에 쇠로 만든 활자로 찍었던 것을 1239년에 목판으로 다시 찍었다는 내용이 실려 있어요.

그리고 옛날 활자 딱 한 개가 지금도 남아 있어요. 학자들이 이

직지심체요절이에요.

것으로 연구를 했더니 800년도 더 된 것이라고 해요. 그러니까 고려에서는 1200년도 되기 전에 금속 활자를 발명한 거예요.

고려의 금속 활자 기술은 중국 원나라로 전해졌어요. 그때 원나라에는 서양 사람들이 많이 드나들었어요. 금속 활자는 원나라를 거쳐 서양으로 전해졌어요. 서양에서 처음으로 금속 활자가 만들어진 것은 1455년쯤이었어요. 독일의 구텐베르크라는 사람이 만들었지요.

금속 활자로 찍은 책 가운데에서 가장 오래된 것은 《백운화상초록불조직지심체요절》이에요. 1377년 고려 우왕 때 만들어졌다고 해요. 하지만 지금은 우리나라에 있지 않고 프랑스 파리 국립 도서관에 보관되어 있어요. 대한 제국 말기에 당시 주한 프랑스 공사였던 플랑시라는 사람이 프랑스로 가져갔지요. 참 안타까운 일이에요. 2001년에 유네스코 세계 기록 유산으로 지정되었어요.

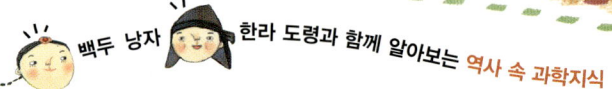
한라 도령과 함께 알아보는 역사 속 과학지식

나무판으로 찍은 책 가운데 가장 오래된 것은 무엇일까?

사람들은 그동안 나무판으로 인쇄된 것 가운데 세계에서 가장 오래된 것은 일본의 다라니경이라고 알고 있었어요. 불국사의 석가탑에서 무엇인가 발견되기 전까지는 말이지요. 석가탑 속에서 발견된 이 보물은 무엇이었을까요?

　1966년 10월 13일. 경주 불국사에서는 석가탑을 손질하는 작업이 한창이었어요. 석가탑은 신라 때 만들어진 탑이지요. 너무 오래된 것이라 잘 보존하기 위해 손을 보고 있었답니다.
　"영차, 영차!"
　사람들은 나무 기둥으로 석가탑을 받쳤어요. 일하는 도중에 탑이 무너지지 않게 하기 위해서였지요. 그런 뒤 사람들은 탑의 돌 하나를 들어 올렸어요. 그때였어요.
　우지직! 쿵!
　나무 기둥 하나가 부러지면서 탑의 돌이 떨어지고 말았어요. 잘 보존하려고 고치려다가 오히려 망가뜨리고 만 거예요.
　"큰일 났다!"
　사람들은 당황해서 탑이 얼마나 부서졌는지 여기저기 살펴보았어요.

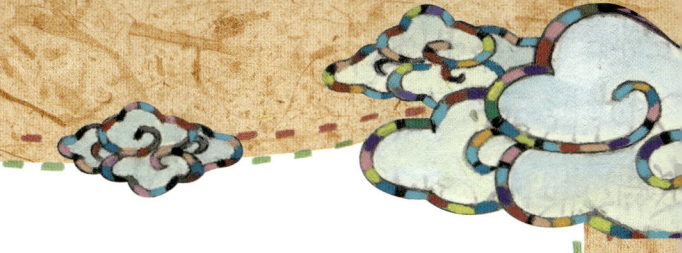

"어, 이게 뭐지?"
탑 속에 작은 함이 들어 있는 것이 보였어요. 사리함이었어요.

'사리'는 무엇이고 '사리함'은 무엇인가요?

'사리'는 오랫동안 도를 닦은 스님이 돌아가셨을 때 몸속에서 나오는 구슬 모양의 귀한 것을 말해요. 사리함은 이 사리를 담는 상자를 말하고요. 아마도 옛 신라 사람들이 어떤 스님을 생각하며, 사리를 함에 넣어 탑을 쌓았던 모양이에요.

그런데 사리함을 열어 보니 책이 한 권 들어 있는 것이 아니겠어요? 그것은 나무판으로 찍은 다라니경이었어요. 다라니경은 불교의 기도문을 적은 책이에요.

"이것은 세계에서 가장 오래된 나무판 인쇄 책이오!"

사람들은 깜짝 놀랐어요. 왜냐하면 그때까지는 일본에서 발견된 《백만탑다라니경》이 나무판으로 찍은 책 가운데에서 가장 오래된 것이라고 알려져 있었거든요. 그것은 770년에 만들어진 것이었어요.

하지만 새로 발견된 《무구정광대다라니경》은 700~751년에 만들어진 것이었어요. 그러니까 세계에서 가장 오래된 나무판 인쇄 책은 신라의 다라니경이었던 거예요. 아주 우연히 발견된 보물인 셈이지요.

꼼꼼한 작업 끝에 복원된 《무구정광대다라니경》이에요.

정성으로 빚은 푸른빛
고려청자

지금으로부터 약 860여 년 전 고려 때였어요. 깊은 산골 오두막에 한 할아버지가 살았어요. 할아버지는 '도공'이었어요. 도공은 도자기를 만드는 사람을 말해요.

할아버지는 오두막 뒤에 있는 가마 앞에 앉아 있었어요. 가마는 도자기를 불에 구워 내는 곳이지요. 가마 앞쪽에는 조그만 아궁이가 있었어요. 할아버지는 아궁이를 들여다보면서 불을 살폈어요.

'불이 조금이라도 약해지면 안 되는데……. 장작을 좀 더 넣어야겠다.'

가마의 온도가 떨어지면 좋은 도자기를 만들 수 없어요. 도자기는 1200~1300도의 높은 온도에서 구워야 해요. 물이 끓는 온도가 100도니까 가마의 온도가 얼마나 높은지 알 수 있겠지요?

"할아버지, 반죽 다 했어요."

동이가 할아버지에게로 뛰어왔어요. 동이는 올해 열 살 난 소년이에요. 손과 발이 온통 진흙투성이였지요.

"벌써 다 했다고? 반죽은 정성 들여 오래 해야 한다고 말하지 않았더냐!"

동이는 꾸지람을 듣고 고개를 푹 숙였어요. 동이는 할아버지 곁에서 도자기 만드는 법을 배우고 있었어요.

"도자기는 정성으로 만드는 거란다. 반죽을 하고 그릇을 빚는 과정 하나하나가 다 중요하지. 무엇보다 중요한 것은 불로 잘 굽는 일이지만 말이다."

할아버지는 다시 아궁이를 살피며 말했어요. 사실 동이는 도자기 만드는 일이 싫었어요. 매일매일 힘들게 일해야 했으니까요. 하지만 다 구운 도자기를 볼 때면 참 신이 났어요.

"너도 아름다운 도자기를 굽고 싶지?"

동이는 슬며시 고개를 끄덕였어요.

"그러자면 이 힘든 일들을 처음부터 끝까지 정성껏 해야 한단다."

고려의 도공들이 만든 도자기는 아름답기로 손꼽혔어요. 그릇의 생김새가 참 고왔지요. 하지만 무엇보다 아름다운 것은 부드럽게 감도는 푸른빛이었어요.

푸른빛을 띠는 도자기를 '청자'라고 해요. 청자는 중국 송나라에서 처음 만들어졌어요. 하지만 고려의 도공이 만든 청자는 송나라의 청자보다 훨씬 아름다웠어요.

그래서 송나라 사람들도 '청자는 고려의 것이 세상에서 으뜸'이라고 말할 정도였어요. 지금은 중국뿐 아니라 전 세계 사람들

상감 청자예요. 상감 기술은 우리나라에만 있는 고유한 기술이지요.

이 그렇게 얘기하지요.

우리나라에는 도자기를 만드는 데 쓸 수 있는 좋은 흙이 아주 많았어요. 그래서 도자기 만드는 기술도 오래전부터 발달했지요.

중국에서 새로운 기술이 전해지기도 했어요. 그렇지만 우리 도공들은 중국의 기술을 그대로 받아들이지 않았어요.

'더 아름답게 만들 수는 없을까?'

우리 도공들은 우리만의 도자기를 만들기 위해 하루하루 힘썼어요. 지금 동이 할아버지가 굽고 있는 상감 청자는 바로 그런 노력 끝에 만들어진 것이에요.

상감 청자를 본 중국 사람들은 깜짝 놀랐어요.

"어떻게 이런 무늬를 도자기에 그릴 수 있지? 그 기술 좀 제발 가르쳐 주시오."

그도 그럴 것이 상감 청자는 고려의 도공들이 처음으로 만들어 낸 것이었거든요.

도자기에는 보통 꽃이나 구름을 그려 넣어요. 전에는 물감을 칠하거나 붓으로 그리는 방법밖에 없었지요. 그런데 도자기 겉에 무늬를 새기고 그 안에 다른 색 흙을 채워 넣는 상감 기술은 아주 새로운 방법이었어요.

　이뿐만이 아니에요. 그전에는 도자기 무늬에 붉은색을 낼 수 없었어요. 불로 구우면 물감이 타서 거무죽죽하게 되어 버렸지요. 하지만 고려의 도공들은 붉은색을 내는 기술을 발견했어요.

　상감 청자의 인기는 대단했어요. 고려 귀족들은 너나할 것 없이 상감 청자를 구하려고 아우성이었어요. 하지만 푸른빛의 아름다운 청자는 만들어 내기가 무척 어려웠어요. 열 개를 구우면 겨우 한 개 성공할 정도였으니까요.

　"자, 이제 불을 꺼도 되겠다. 이틀 뒤에 가마를 열어 보자."

　할아버지는 장작의 불을 껐어요. 그리고 동이와 함께 오두막으로 내려왔어요.

　"왜 바로 열어 보면 안 되지요?"

"뜨거운 불로 구운 도자기는 천천히 식혀야 한단다. 그래야 금이 가지 않거든."

동이는 할아버지가 가마에서 꺼낸 도자기들을 두드려 보던 장면을 떠올렸어요. 도자기를 두드렸을 때 맑은 소리가 나면 잘 구워진 것이에요. 하지만 탁한 소리가 나면 어딘가 금이 간 것이지요.

할아버지는 금이 간 도자기는 겉으로 보기에 아무리 멀쩡해도 모두 깨뜨려 버렸어요. 동이는 깨진 도자기가 참 아까웠어요.

"좋은 도자기를 얻는 것은 쉬운 일이 아니란다."

이틀 뒤 동이는 할아버지와 함께 가마로 갔어요. 할아버지가 다 구워진 도자기들을 조심스럽게 꺼냈어요. 할아버지는 하나하나 꼼꼼하게 살폈어요.

"이걸 보아라."

할아버지는 도자기 하나를 어루만지며 동이에게 말했어요. 할아버지는 얼굴 가득 미소를 지었어요.

그것은 호리병 모양의 주전자였어요. 둥글게 굽은 손잡이와 쏙 들어간 허리. 어느 한 군데 모난 데 없이 아름다운 생김새. 그리고 상감으로 그려진 화려한 모란꽃 무늬와 하늘을 날고 있는 새 한 마리. 그 푸른빛은 아주 신비로웠지요.

동이는 도자기에 살짝 손을 대어 보았어요. 아직 따뜻한 기운이 남아 있었어요. 동이도 할아버지를 따라 살며시 미소를 지었어요.

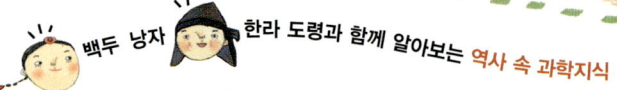

백두 낭자 한라 도령과 함께 알아보는 역사 속 과학지식

상감 청자는 어떻게 만들까?

오묘한 푸른빛 바탕에 까맣고 하얀색으로 아름다운 무늬가 수놓인 상감 청자. 오늘날 전 세계적으로 찾아볼 수 없는 뛰어난 발명품으로 평가받고 있지요. 이러한 상감 청자를 만드는 방법에 대해 알아보기로 할까요?

우리 조상들이 그릇을 만들어 쓰기 시작한 것은 아주 오래전이에요. 지금으로부터 8천여 년 전이니까요. 처음에는 그릇을 굽는 가마가 없었어요. 그냥 맨땅 위에 불을 지펴 그릇을 구웠어요. 그 뒤로 그릇을 만드는 솜씨가 점점 좋아지면서 가마도 생겼어요. 예전보다 모양도 더 아름답게 만들려고 힘썼지요. 중국으로부터 새로운 기술도 받아들였어요.

1100~1200년대에 만들어진 상감 청자는 우리 민족의 훌륭한 솜씨가 가장 잘 나타난 것이에요. 세계 어느 나라에서도 상감 청자와 같은 것을 만들지는 못했거든요.

청자 만드는 방법

청자상감 운학문대접

❶ 우선 흙을 잘 반죽해요.
❷ 그런 다음 물레를 돌려 그릇 모양을 빚지요. 그릇을 빚을 때에는 두께를 고르게 해야 해요.
❸ 다 빚은 그릇은 가마에 넣어 그리 세지 않은 불에 구워요. 이것을 초벌구이라고 해요.

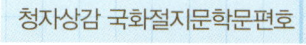
청자상감 국화절지문학문편호

❹ 초벌구이를 마친 그릇에 유약이라고 하는 물감을 발라요. 유약을 발라야 미끈미끈 윤기 나는 도자기가 되지요. 유약은 도자기에 물기가 스며들지 않게 해 주는 역할도 해요. 바로 이 유약 때문에 청자의 푸른빛이 나는 거예요. 유약 안에는 쇠가 아주 조금 들어 있어요. 이것이 불에 닿으면 푸르게 변하지요. 그래서 유약을 잘 섞어야 아름다운 청자를 만들 수 있어요.

❺ 유약을 바른 그릇은 다시 한 번 구워야 해요. 이때에는 아주 센 불에 구워요. 그래야 튼튼하고 빛깔 고운 도자기가 만들어지거든요. 이것을 재벌구이라고 해요. 이렇게 다 구우면 청자가 완성되는 거예요.

청자상감 오리초화문주병

상감이란 초벌구이 전에 쓰는 기술이에요. 그릇을 빚어 잘 말린 뒤, 조각칼로 그림을 새긴 부분의 흙을 파내고 붉은 흙과 흰 흙을 메워 넣어요. 그러고 나서 초벌구이를 해요. 그 뒤 푸른빛이 나게 유약을 바르고 재벌구이를 해요. 이렇게 하면 아주 독특한 무늬를 가진 도자기인 상감 청자가 만들어진답니다.

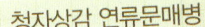
청자상감 연류문매병

청화 백자

흰 바탕에 푸른 물감으로 그림을 그린 자기를 청화 백자 또는 청화 자기라고 해요. 고려 말에 송나라에서 들어왔어요. 고려 시대에는 고려청자에 밀려서 그다지 눈에 띄지 않다가 조선 시대에 들어서면서 많이 발전했어요.

왜구를 벌벌 떨게 한
화약

고려 때 일이에요. 최무선이라는 사람이 고려의 서울 송도에 살고 있었어요. 송도는 지금의 개성이에요.
　　어느 날 밤, 최무선의 집에 손님이 찾아왔어요.
　　"이렇게 와 주셔서 정말 고맙습니다."
　　최무선은 정성껏 손님을 맞았어요. 손님은 중국 원나라 사람인 이원이었어요.
　　"이렇게 자꾸 만나면 안 되는데……."
　　이원은 최무선이 권하는 자리에 앉으며 말했어요.
　　"내가 또 당신을 만난 걸 알면 주변에서 이상하게 여길 거요. 내가 염초 만드는 기술자였다는 걸 아는 사람도 있으니까 말이오."
　　염초는 화약을 만드는 데 꼭 필요한 물질이에요.
　　"선생님을 곤란하게 만들 생각은 없습니다."
　　"그렇다면 더 이상 날 따라다니지 마시오. 그 말을 하려고 여기 온 거요."
　　이원은 제발 부탁이라는 듯이 말했어요.
　　"정말 염초 만드는 방법을 가르쳐 주실 수 없습니까?"

최무선은 애원하듯 말했어요.

"몇 번이나 말해야 알겠소? 그건 우리나라의 큰 비밀이니 함부로 가르쳐 줄 수 없소."

최무선의 얼굴이 어두워졌어요. 최무선은 가만히 방바닥만 내려다보았어요. 이원은 답답해서 천장만 올려다보았지요. 잠시 뒤 이원이 물었어요.

"도대체 염초로 무엇을 할 작정이오?"

최무선은 고개를 들지 않았어요. 하지만 꼭 쥔 그의 주먹은 살짝 떨리고 있었어요.

"저는 염초가 꼭 필요합니다. 염초가 있어야 화약을 만드니까요."

"그러게, 화약은 왜 만들려고요?"

그제야 최무선은 고개를 들었어요.

"선생님도 들으셨겠지요. 왜구들이 자꾸 우리나라에 와서 노략질해 간다는 것을 말입니다. 몇 년 전만 해도 이렇게 심하지 않았어요. 너무 배가 고픈 나머지 몇몇이 바닷가 마을에 도둑질하러 온 정도였으니까요. 하지만 이제는 나라 안까지 들어오고 있습니다. 음식만 훔치는 것이 아니에요. 어린애, 늙은이 할 것 없이 사람들까지 마구 죽이고 있어요. 이대로 두면 안 될 것 같습니다."

왜구는 일본의 해적들을 이르는 말이에요. 이원이 말했어요.

"그럼 당신은 화약으로 무기를 만들어 왜구를 무찌르려는 거요?"

"그렇습니다. 그러지 않고서는 그들을 막을 수 없어요. 왜구는 배를 타고 나타납니다. 그리고 칼솜씨가 뛰어나지요. 왜구를 이기자면 화약으로 만든 무기가 필요합니다. 그래야 조금 떨어진 거리에서도 적을 쓰러뜨릴 수 있을 테니까요."

최무선은 힘주어 말했어요.

"선생님이 알려 주시지 않아도 전 꼭 만들어 내고 말 겁니다. 저 스스로 알아 낼 거예요. 지금 이 순간에도 수많은 백성들이 왜구에게 당하고 있단 말입니다."

이원은 눈을 감고는 깊은 생각에 잠겼어요.

"좋소!"

"예?"

최무선은 깜짝 놀랐어요. '드디어 화약의 비밀에 대해 알 수 있겠구나.' 하고 생각했지요.

"염초 기술은 우리 원나라의 귀한 비밀이오. 그러니 그대의 뜻이 아무리 좋다 해도 함부로 가르쳐 줄 수는 없소. 우리 원나라에 해가 될지 모르니 말이오."

최무선은 실망해서 한숨을 내쉬었어요.

"내 말을 잘 들어 보시오. 다 알려 줄 수는 없지만 필요하다면 몇 가지 도움말은 줄 수 있소."

도움말이라는 말에 최무선의 귀가 번쩍 뜨였어요.

"도움말이라고요? 아무래도 좋습니다. 어떤 말씀이라도 해 주세요."

이원은 조심스럽게 말했어요.

"화약을 무엇으로 만드는지는 알고 있소?"

"예. 황과 숯, 자석 가루 그리고 염초로 만듭니다."

그때 중국에는 원나라 말고도 명나라가 있었어요. 명나라는 새로 생긴 나라였어요. 원나라는 점점 힘이 약해지고 있었고요.

고려는 중국의 명나라에게 화약 만드는 법을 알려 달라고 몇 번이나 부탁했어요. 왜구의 노략질이 하도 심했기 때문이에요.

그러나 명나라는 화약 만드는 법을 조금도 알려 주지 않았어요. 고려가 화약으로 무기를 만들어 원나라 편을 들지도 모른다고 생각했거든요.

하지만 왜구는 명나라까지 점점 못살게 굴었어요. 그러자 명나라는 고려에 화약을 만드는 염초와 황 등을 조금 보내 주었어요. 그것으로 왜구를 물리쳐 달라고요. 하지만 염초를 만드는 법은 절대 알려 주지 않았어요.

"오래된 절이나 커다란 집의 마루 밑에는 먼지가 많지요."
"예?"
갑작스런 이원의 말에 최무선은 깜짝 놀랐어요.
"그걸 쓸어 모아 물에 타서 끓여 보시오. 뭔가 남을 거요."
"그것이 염초입니까?"
최무선은 어이가 없었어요. 이원은 빙그레 웃기만 했어요.
"내가 할 수 있는 말은 그것뿐이오. 나머지는 당신이 알아내시오."

이렇게 말하고 이원은 서둘러 가 버렸어요. 최무선은 골똘히 생각했어요.

'좋다, 그렇게 해 보자. 꼭 알아내고야 말 테다.'

최무선은 밤낮없이 연구에만 매달렸어요. 염초를 만드는 일은 쉽지 않았어요. 이원이 방법을 아주 조금만 알려 주었기 때문이에요. 더구나 황과 자석, 숯가루를 얼마나 섞어야 하는지도 알 수 없었어요. 모두 스스로 알아내야 했어요. 최무선은 매일매일 실험하고 또 실험했어요.

결국 최무선은 화약을 만들어 냈어요. 그뿐만이 아니었어요. 화약을 쓸 수 있는 무기인 화통까지 만들어 냈어요. 최무선은 이 사실을 임금에게 알렸어요. 임금은 나라 안에 화약과 화통을 만드는 곳을 두게 했지요.

1377년 10월 드디어 '화통도감'이 생겼어요. 최무선은 화통도감의 일을 도맡아 보기로 했어요. 최무선은 더욱 열심히 일했어요. 좀 더 성능 좋은 화약과 화통을 만들 작정이었지요. 그의 머릿속에는 하루빨리 왜구를 물리쳐야 한다는 생각뿐이었어요.

1380년 8월, 최무선이 만든 화약은 왜구와의 싸움에서 마침내 큰 활약을 했어요. 왜구는 충청도 진포로 배 500척을 이끌고 쳐들어왔어요. 고려의 배는 80척뿐이었지요.

하지만 왜구는 화약과 화통을 앞세운 고려에 상대가 안 되었어요. 우르르 쾅, 큰 소리를 내며 날아드는 대포알을 보고 왜구들은 벌벌 떨었어요.

그 뒤로는 노략질하는 왜구들이 차차 줄어들었지요.

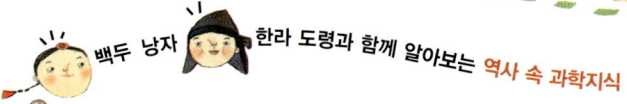

백두 낭자 한라 도령과 함께 알아보는 역사 속 과학지식

화약은 어떤 곳에 쓰일까?

펑, 펑, 펑! 밤하늘을 화려하게 수놓는 불꽃놀이를 본 적이 있나요? 아름다운 불꽃을 피워 올리는 것은 바로 화약이에요. 화약이 어떻게 생겨났는지, 또 어떤 곳에 쓰이는지 화약에 대해 좀 더 알아볼까요?

세계에서 가장 처음으로 화약을 만든 나라는 중국이에요. 화약을 만든 이유는 다른 나라와 싸우기 위해서였어요. 하지만 화약은 전쟁에만 쓰이는 것이 아니에요.

1866년 스웨덴의 발명가인 알프레드 노벨은 다이너마이트를 만들었어요. 다이너마이트는 그전에 쓰이던 화약보다 훨씬 큰 힘을 낼 수 있었어요. 또 화약은 잘못 다루면 터져서 사람이 다칠 수도 있지만 다이너마이트는 안전했어요.

노벨은 다이너마이트를 좋은 데 쓰려고 만들었어요. 예를 들면 터널을 뚫는 것 같은 큰 공사를 할 때 쓰려고 말이에요. 다이너마이트는 기차가 다닐 철로를 놓기 위해 바위를 깰 때에도 도움이 되었어요. 또 땅속에 묻혀 있는 값진 광물을 캐내는 광산에서도 꼭 필요했고요. 다이너마이트를 쓰면 많은 사람들이 힘들여 할 일을 손쉽게 할 수 있었지요.

노벨이 다이너마이트를 만들자 여러 나라에서 앞다투어 사들였어요. 전 세계가 노벨의 발명품에 감탄했지요. 노벨은 큰 부자가 되었어요.

노벨 평화상 메달이에요.

그런데 사람들이 다이너마이트를 나쁜 데 쓰기 시작했어요. 서로 죽이고 파괴하는 데 쓰기 시작한 거예요. 노벨은 안타까웠어요.

"물리학, 화학, 의학, 문학 그리고 세계 평화에 큰 도움이 되는 업적을 남긴 사람들에게 이 상을 주십시오. 어느 나라 사람이든 상관없습니다. 다만 인류의 발전과 평화를 위해 애쓴 사람이어야 합니다."

노벨은 죽으면서 이렇게 유언을 남겼어요. 자기가 남긴 재산으로 상을 만들라고 했지요. 이렇게 만들어진 것이 바로 노벨상이에요.

노벨이 만든 다이너마이트가 주는 교훈이 있어요. 좋은 발명은 많은 사람들에게 도움을 주지만, 좋은 발명품도 사람들이 나쁘게 쓰면 더 이상 좋은 발명품이 아니게 된다는 것이지요.

고려 때 최무선이 화약을 만든 것도 못된 짓을 일삼는 왜구를 물리치기 위해서였어요. 일부러 전쟁을 일으키려고 화약을 만든 것이 아니에요. 나라와 사람들을 구하려는 훌륭한 뜻이 담겨 있었지요.

노벨상

1896년에 세상을 떠난 스웨덴의 화학자 노벨의 유언에 따라 인류 복지에 가장 구체적으로 공헌한 사람이나 단체에 주는 상이에요. 노벨이 남긴 재산을 바탕으로 해서 1901년부터 상을 주었어요. 해마다 물리학 · 화학 · 생리학 및 의학 · 문학 · 평화의 다섯 부문에서 뽑아 금메달 · 상장 · 상금을 주는데, 1969년부터 경제학상이 추가되었어요. 노벨이 죽은 날인 매년 12월 10일에 시상식이 열리지요.

스스로 치는 물시계
자격루

만약 시계가 없다면 어떨까요. 지금이 몇 시인지 알 수 없겠지요? 아침마다 학교에 지각할지도 몰라요. 그리고 슬슬 배가 고파져야 점심때라고 짐작할 수 있을 거예요. 참 불편하겠지요.

옛날에는 시계가 없었어요. 그래서 사람들은 해가 뜨면 아침이라고 생각했어요. 해가 하늘 한가운데 오면 점심이고요. 물론 해가 뉘엿뉘엿 지면 저녁이 되었다고 했지요.

매일매일 똑같은 하루가 되풀이되었어요.

'아침에도 이른 아침과 느지막한 아침이 있잖아. 그런데 이걸 정확히 구분할 수가 없으니…….'

사람들은 아쉬운 대로 그림자의 위치나 밤하늘의 별자리를 보고 시간을 짐작했어요. 하지만 비가 오거나 흐린 날에는 시간을 알 수 없는 것이 문제였지요.

그래서 만든 것이 물시계였어요. 물시계는 용기 속에 담긴 물의 양이 줄어들거나 늘어나는 것을 보고 시간을 재는 기계였어요. 우리나라에서는 삼국 시대부터 물시계를 사용했지요.

조선 세종 임금 때 사람인 장영실은 새로운 물시계를 만들기 위해 궁리했어요. 장영실은 세종 임금을 도와 여러 기계를 발명한 과학자예요.
　장영실은 더 나은 물시계를 만들어 내기 위해 다른 과학자들과 힘을 합쳐 연구했어요.
　물시계는 물의 힘으로 움직이는 시계예요. 먼저 항아리에 물을 가득 담아 선반 위에 올려놓아요. 그리고 항아리 바닥에 조그만 구멍을 내어 놓는 거예요. 그러면 물방울이 아래로 똑똑 떨어지겠지요? 이 물방울은 밑에 있는 다른 항아리에 모였어요. 그 항아리에는 수많은 눈금이 새겨져 있어서 물이 얼마나 찼는지 보고 시각을 알 수 있었어요. 그러면 사람이 북을 쳐서 몇 시인지 알렸지요.
　장영실은 만들어진 시계를 보고 또 생각했어요.

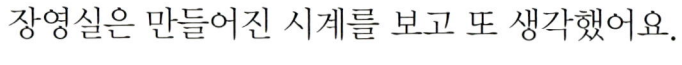

'이 시계는 아직 너무 불편해. 아래 항아리에 물이 차면 누군가 다시 위 항아리로 부어야 하니. 또 사람이 제시간에 북을 치는 걸 잊으면 헛일이잖아. 좀 더 편리한 시계는 없을까?'

장영실은 언젠가 읽은 책의 내용을 떠올렸어요.

'중국의 소송이라는 사람이 이미 자동 물시계를 만들었다고 하던데. 그것을 직접 한 번 볼 수 있으면 좋으련만.'

소송은 오랜 연구 끝에 스스로 시각을 알려 주는 자동 물시계를 만들었어요. 하지만 그 기계는 너무 복잡했어요. 소송이 죽은 뒤로는 아무도 다시 똑같은 물시계를 만들어 내지 못할 정도였으니까요.

장영실은 중국에 가 보고 싶었어요. 자동 물시계에 대한 공부를 하고 싶었거든요.

"상감마마, 소인은 자동 물시계를 만들고자 합니다. 하지만 지금 제가 알고 있는 것만으로는 어렵습니다. 중국에 가서 소송의 물시계를 연구해 보고 싶습니다. 부디 중국에서 공부할 수 있도록 허락해 주십시오."

이 말을 들은 세종 임금은 고개를 끄덕였어요.

"중국의 과학이 앞선 것은 사실이니 가서 공부하고 오시오. 그러고 나서 그들보다 더 뛰어난 발명을 해 주오."

장영실은 중국으로 갔어요. 그리고 소송의 자동 물시계가 어떻게 만들어졌는지 빠짐없이 공부했어요. 중국에는 먼 나라인 아라

비아에서 만들어진 물시계도 있었어요. 장영실은 이것도 샅샅이 살펴보았어요. 그러고 나서 서둘러 우리나라로 돌아왔어요.

"자동 물시계 연구는 어떻게 되었소?"

세종 임금이 장영실에게 물었어요.

"다른 나라의 물시계를 보니 많은 것을 깨달을 수 있었습니다. 하지만 그것들은 이미 오래전에 만들어진 것이라 고칠 점이 많아 보였습니다. 제가 그것들보다 더 나은 물시계를 만들겠습니다."

장영실은 씩씩하게 말했어요. 세종 임금은 믿음직한 장영실의 대답에 미소를 지었어요.

　1434년 여름, 끊임없는 노력 끝에 장영실은 드디어 자동 물시계를 완성했어요.
　"호오! 이것이 스스로 시각을 알려 주는 자동 물시계요? 겉으로 보기에는 그리 복잡해 보이지 않는구려."
　물시계의 복잡한 기계는 모두 안에 있었어요. 밖에서는 1시부터 12시까지 시각을 알리는 나무 인형만 보였어요.
　"장치는 시계 속에서 움직입니다. 매 시각이 되면 장치가 움직여 바깥의 나무 인형을 치지요. 그러면 종, 북, 징소리가 납니다."

"참 신기하군. 어떻게 움직이는 거요?"

장영실은 임금님께 차근차근 설명했어요.

"먼저 위의 항아리에 물을 담아 놓습니다. 바닥에 뚫린 구멍으

일부만 남아 있는 자격루의 모습이에요.

자격루는 시각을 알리는 사람이 실수로 잘못 알려 벌을 받는 일이 없도록 백성을 사랑하는 마음에서 만들어졌어요.

로 떨어진 물은 아래 항아리에 모이지요. 그러면 항아리 안의 화살이 점점 떠오르고, 때가 되면 화살의 왼쪽이 구리판을 쳐서 작은 구슬을 구르게 합니다. 이 구슬이 다른 큰 공을 칩니다. 이 공이 숟가락 모양의 받침대에 놓이고, 받침대가 나무 인형을 치면 종, 북, 징소리가 나는 것입니다."

세종 임금과 다른 신하들은 모두 감탄했어요.

"중국의 소송도 이것을 보면 깜짝 놀랄 것이오!"

세종 임금은 궁궐 안에 보루각이라는 집을 짓게 했어요. 그리고 그 안에 이 물시계, 즉 자격루를 두게 했어요. 자격루란 '스스로 치다'라는 뜻이에요.

그리고 그해 7월 1일부터 자격루가 시각을 가르쳐 줄 때에는 종각의 종을 울렸어요. 사람들이 이것을 듣고 모두 시각을 알 수 있도록 말이에요. 나라 안의 표준 시각으로 삼은 것이지요.

그 뒤 자격루는 여러 차례 새로 만들어졌어요. 현재는 덕수궁 보루각에 자동으로 시각을 알려 주는 장치를 뺀 자격루의 일부만 남아 있어요. 이 자격루는 중종 31년에 만들어진 것이랍니다.

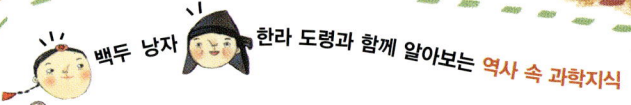
백두 낭자 한라 도령과 함께 알아보는 역사 속 과학지식

천재 발명가 장영실은 어떤 사람이었을까?

조선은 철저한 신분 사회였어요. 그런데 가장 천한 노비의 신분으로 조선 최고의 과학자 자리에 오른 사람이 있어요. 바로 장영실이지요. 장영실에 대해 좀 더 자세히 알아볼까요?

세종 임금은 우리 과학이 발전하기를 바랐어요. 그래서 과학자들이 연구와 발명을 마음껏 할 수 있도록 도왔어요. 장영실은 그 가운데에서도 아주 뛰어난 과학자였어요. 장영실은 다른 과학자들과 힘을 합해 아주 훌륭한 발명품들을 만들어 냈어요. 가장 먼저 요즘의 천문대와도 같은 '간의대'를 세웠고, 해와 달과 별의 위치를 알아내는 '혼천의'도 만들었어요. 혼천의는 서양보다 200년이나 앞서 만들어진 거예요.

또한 해시계인 '앙부일구'도 만들었어요. 해시계는 막대를 세워 해에 비친 막대의 그림자가 얼마나 긴지 보고 시간을 아는 장치이지요. 앙부일구는 아주 커서 가지고 다닐 수 없었어요. 그래서 요즘의 손목시계처럼 가지고 다닐 수 있는 조그만 해시계도 만들었지요.

그 밖에도 하늘을 관찰하는 여러 기계를 만들었어요. '흠경각'은 지금의 천문 연구소와도 같은 곳이었어요. 장영실은 이곳의 일을 도맡는 책임자가 되었어요.

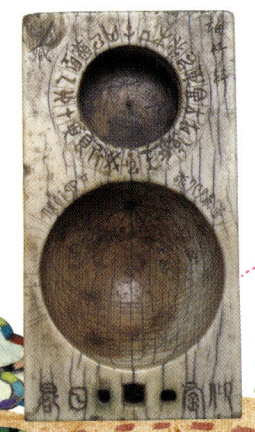
오늘날의 손목시계처럼 가지고 다닐 수 있었던 휴대용 해시계예요.

천한 노비였던 장영실이 이처럼 뛰어난 과학자가 될 수 있었던 이유는 뭔가요?

그 이유로 손꼽을 수 있는 것은 가장 먼저 장영실의 재주가 워낙 뛰어났기 때문이에요. 그 다음으로는 세종 임금이 신분보다는 능력을 더 중요하게 여겼기 때문이지요.

옛날에는 사람들의 신분이 양반, 평민, 노비로 나뉘어 있었어요. 장영실은 관청에 소속된 노비였어요. 비록 노비였지만 장영실은 똑똑하고 손재주가 좋았어요. 장영실에 대한 소문은 멀리 세종 임금의 귀에까지 들어갔어요. 세종 임금은 장영실을 궁궐로 불러 마음껏 연구하게 해 주었지요.

그 뒤로 장영실은 열심히 공부하고 연구해서 수많은 발명품을 만들어 냈지요. 세종 임금은 장영실에게 벼슬도 내려 주었어요. 당시에는 노비가 벼슬을 한다는 건 꿈도 꾸지 못했는데 말이에요. 사람들은 모두 장영실을 부러워했지만, 장영실은 하고 싶은 연구를 실컷 할 수 있는 것이 가장 기뻤어요.

'나는 노비니까 아무리 노력해도 안 돼.'

만약 장영실이 이런 마음을 품었다면 어땠을까요?

'아무리 똑똑해도 노비랑 어떻게 연구를 할까?'

세종 임금과 다른 과학자들이 이런 생각을 했다면 어땠을까요? 우리 과학이 이토록 눈부시게 발전하지는 못했을 거예요.

카이스트 교내에 세워져 있는 장영실의 동상이에요. 왼손 밑에 측우기가 있어요.

노란 비의 비밀을 밝힌
측우기

1441년 4월의 어느 날이었어요. 세종 임금은 신하에게 놀라운 말을 들었어요. 하늘에서 노란 비가 내렸다는 것이었어요.

"자세하게 알아보아라."

신하는 부리나케 노란 비가 내렸다는 곳으로 달려갔어요. 이미 비는 그친 뒤였지만 길거리에도, 강에도 노란 빗물이 스며 있었어요. 사람들은 여기저기 모여 나라에 좋지 않은 일이 생길 것이라고 수군댔어요.

소식을 전해 들은 세종 임금은 근심 어린 얼굴로 말했어요.

"백성들은 노란 비가 내리면 임금이 어질지 못한 탓이라고 생각한다던데, 그대들은 이 일을 어떻게 생각하는가?"

세종 임금은 무척 어질고 똑똑한 분이었어요. 그러나 신하 가운데 어느 누구도 노란 비가 내린 이유를 알지 못했어요. 신하들은 쩔쩔매며 어쩔 줄 몰랐어요.

"황송할 따름입니다."

그때 세자와 세종 임금의 셋째 아들인 안평대군이 들어왔어요.

"아바마마, 걱정 마세요. 노란 비는 내리지 않았습니다."

세자와 안평대군은 미소 지었어요.

"그런가? 그렇다면 길바닥과 웅덩이에 고인 누런 물은 무엇이란 말이냐."

"아우인 안평대군이 알아냈지요. 바닥에 고인 물이 누런 것은 바람에 날린 소나무의 꽃가루가 빗물에 섞였기 때문입니다."

세자는 안평대군을 보며 흐뭇하게 말했어요.

"예. 실은 저도 걱정이 되어 궁궐의 뜰을 살피고 있었습니다. 그런데 뜰 한쪽에 놋그릇이 놓여 있어 가 보니, 고인 물이 맑았습니다. 이상했지요. 그래서 노란 비가 내린 곳으로 가 보았더니 소나무가 무척 많은 곳이었습니다. 비가 내리기 전 바람에 날린 노란 꽃가루가 땅 위에 쌓였고, 이것이 빗물과 섞여 강으로 흘러든 것입니다. 꽃가루를 물에 섞어 보았더니 물웅덩이의 노란 비와 빛깔, 맛이 같았습니다."

세종 임금은 고개를 끄덕였어요.

"오호, 그렇군. 그릇에 빗물이 고여 있었기에 참 다행이로다."

이번에는 안평대군이 세자를 보며 빙긋 웃었어요.

"그것은 형님이 미리 생각해 둔 게 있었던 덕입니다."

세종 임금은 궁금해서 세자를 바라보았어요.

"몇 해 전부터 가뭄과 큰 비가 번갈아 찾아온 탓에 농사짓는 백성들의 고생이 무척 심했습니다. 그것이 안타까워 이리저리 궁리하다가, 비가 많이 내리는 때와 그렇지 않은 때를 미리 알 수 있다면 대비를 할 수 있을 거라고 생각했습니다."

그 당시에는 빗물의 양을 가늠할 좋은 방법이 없었어요. 땅을 파서 빗물이 얼마나 스몄나 살펴보는 것이 고작이었지요. 그렇게 해서는 빗물의 정확한 양을 알아내기가 어려웠어요.

　세자는 곰곰이 생각하다가, 궁중 뜰에 놋으로 만든 그릇을 놓아 두었어요. 그릇에 차는 빗물의 양을 재어 비가 얼마나 왔는지 알 수 있게 말이지요. 그리고 그것을 꼼꼼히 기록해 왔던 거예요.
　세종 임금과 신하들은 세자와 안평대군의 영특함에 놀랐어요.
　"빗물을 그릇에 받아 보는 것은 아주 좋은 방법이로구나. 계속 기록해 두면 빗물의 양으로 해마다 비가 얼마나 내릴지 가늠할 수 있고, 더구나 빗물의 성질도 연구할 수 있으니……."
　세종 임금은 날씨를 연구하는 과학자들에게 말했어요.
　"세자가 만든 이 빗물 그릇을 좀 더 연구하도록 하라."
　그리하여 1441년 8월, 빗물의 양을 재는 기구인 '측우기'가 만들어졌어요. 측우기는 세계에서 처음으로 발명된 '빗물의 양을 재는

돌로 측우대를 만들고 놋쇠로 만든 측우기를 그 위에 올려 놓았어요.

장치'였어요. 서양에서는 우리보다 200년이나 늦게 이 기구가 만들어졌지요.

측우기는 놋쇠로 만들었어요. 둥글고 긴 통 모양이었지요. 깊이는 32센티미터, 둘레의 지름은 15센티미터 정도였어요. 측우대를 만들어 그 위에 측우기를 올려놓았어요.

그리고 20센티미터쯤 되는 자인 '주척'으로 고인 빗물의 양을 재었어요. 이 자는 3밀리미터 정도도 잴 수 있을 만큼 정확한 것이었어요.

세종 임금은 측우기를 나라 안의 여러 곳에 두도록 했어요. 그리고 빗물의 양을 꼼꼼히 적어 놓게 했어요. 양뿐만이 아니었어요. 비가 언제 내리기 시작했는지, 언제 그쳤는지도 적어 놓았어요.

비에도 여러 가지 종류가 있어요. 안개비, 보슬비도 있고, 소나기, 장대비도 있지요. 세종 임금은 비를 내리는 정도에 따라 여덟 가지로 나누었어요. 그리고 자세히 관찰해서 적도록 했어요. 그 전에는 비가 많이 오면 '큰 비 왔음', 비가 조금 오면 '비가 조금 왔음'이라고만 적었거든요.

온 나라 안에서 자세하게 관찰한 기록들을 모아서 《풍운기》라는 책도 만들었지요. 이 책을 보면 한 해 동안 날씨가 어떻게 변하는지 알 수 있었어요. 사람들은 날씨에 맞춰 농사짓는 방법도 궁리할 수 있었지요.

비만 연구한 것이 아니에요. 눈이나 서리, 이슬, 안개, 바람, 번개, 우박, 지진, 달과 해, 구름의 모양도 연구했어요. 농사와 사람들의 생활에 큰 영향을 미치기 때문이었지요.

일찍이 날씨의 변화와 날씨가 우리 생활에 미치는 영향을 이처럼 과학적으로 연구한 우리 조상들의 슬기가 무척 놀랍지요.

그때 만들어진 것 가운데 측우기 말고도 '수표'라는 것이 있었어요. 이것도 세종 임금 때 세계에서 가장 처음으로 만들어졌어요.

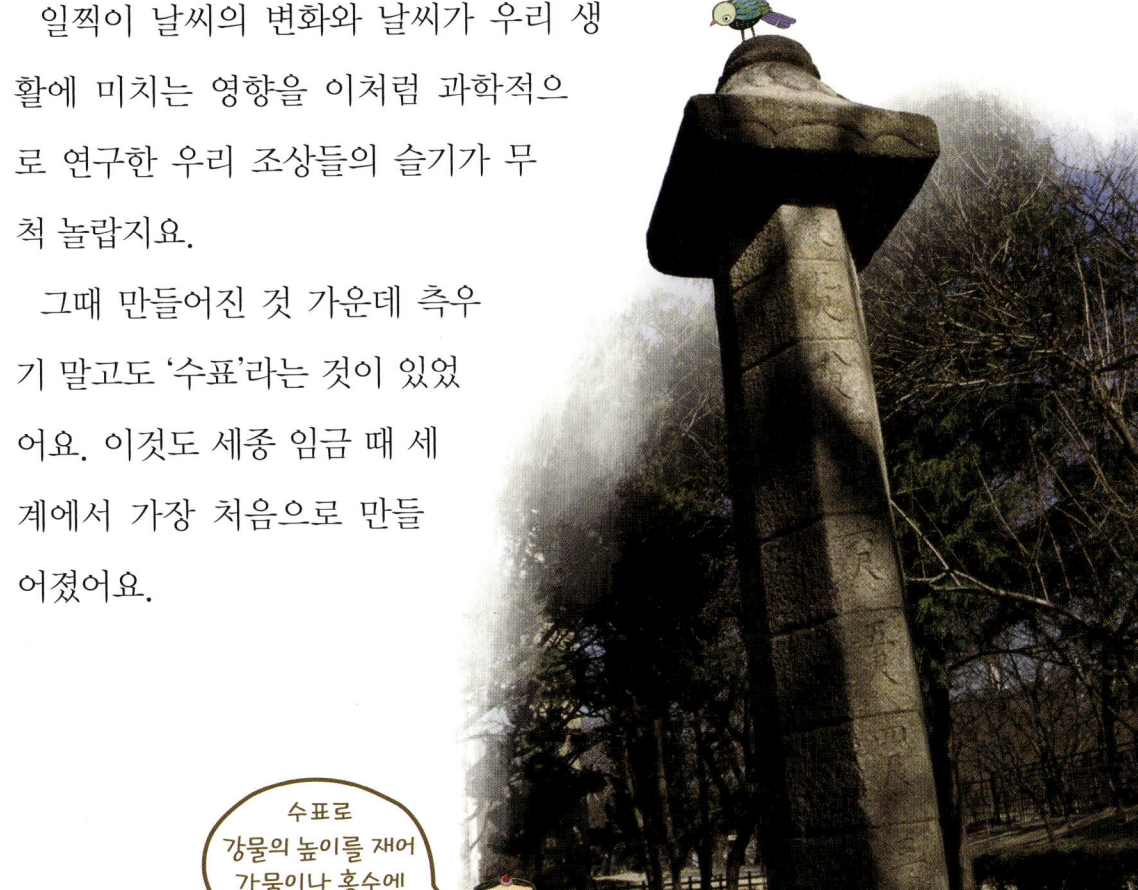

수표로 강물의 높이를 재어 가뭄이나 홍수에 대비했어요.

수표는 강물이 얼마나 불거나 줄었는지 재는 것이었어요. 돌기둥에 눈금이 새겨져 있어서 강이나 냇가에 세워 두면 강물의 높이를 알 수 있었어요.

강물의 높이를 미리 알면 뭐가 좋으냐고요? 강물이 위에 있는 눈금까지 올라가면 물이 많이 불어난 것이니 물난리에 대비할 수 있었어요. 강물이 아래 있는 눈금을 맴돌 만큼 줄어들면 가뭄에 대비할 수도 있었지요.

세종 임금 때 만들어진 측우기와 수표는 임진왜란 때 모두 망가졌어요.

수표의 눈금은 1자부터 10자까지 1자마다 새겨져 있사옵니다.

그래서 기구를 써서 날씨를 관찰하는 일을 계속할 수 없었지요. 그로부터 300년쯤 뒤에 영조 임금이 측우기를 다시 만들게 했어요. 그리고 바람의 방향과 세기를 재는 '풍신기'도 만들었어요.

그런데 새로 만든 측우기도 궁중에 불이 나는 바람에 망가졌어요. 지금까지 남아 있는 측우기는 처음에 만들었던 것보다는 좋지 않은 것이라고 해요.

농사에는 비와 함께 바람도 중요한 영향을 미치기 때문에 풍신기를 만들었지.

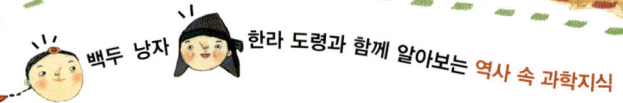

사람들은 왜 날씨를 관찰하려고 했을까?

날씨와 우리 생활은 아주 깊은 관계가 있어요. 오늘날에는 일기 예보가 날씨를 알려 주지만, 옛날에는 직접 날씨를 관찰해야만 했어요. 사람들이 왜 날씨를 관찰하려고 했는지 그 이유를 구체적으로 알아볼까요?

사람들은 아주 오래전인 약 2000년 전부터 농사를 짓고 가축을 키웠어요. 하지만 갑자기 큰 비가 오면 애써 지은 농사가 엉망이 되었어요. 가뭄이 들 때도 마찬가지였지요. 그래서 사람들은 날씨의 변화에 관심을 가지고 관찰하게 되었어요.

그러다 보니 어느 철에 비가 많이 오는지 알 수 있었어요. 또 언제 눈이 많이 오고, 서리가 내리는지도 가늠할 수 있었지요.

이제는 벼락이 치거나 천둥이 울려도 무섭지만은 않았어요. 날씨가 그냥 변덕을 부리는 것이 아니라는 것을 알았으니까요. 비나 눈이 오거나 해가 쨍쨍 내리쬐는 날씨는 모두 자연의 규칙대로 변화하는 것이었어요. 날씨가 변하는 이유를 알면 앞으로 닥칠 날씨도 미리 알 수 있지요. 앞으로 과학이 발달되어 날씨에 대해 더 많이 알게 되면, 날씨 때문에 해를 입는 일도 줄어들 거예요.

오랜 세월 동안 이처럼 날씨를 관찰하면서 사람들은 많은 것을 알게 되었어요. 기구나 장치를 이용해

날씨의 변화는 자연의 규칙에 따른 자연스러운 것이에요.

서 날씨를 관찰하기도 했지만, 살아가면서 눈에 보이는 작은 일들 속에서 자연의 규칙을 발견하기도 했어요.

예를 들어 옛 어른들은 제비가 낮게 날면 비가 온다고 생각했어요. 여기에는 그럴 만한 이유가 있었지요. 제비는 날아다니는 작은 벌레들을 잡아먹어요. 그런데 비가 내리기 전에는 공기가 축축해져요. 그러면 작은 벌레들은 날개가 무거워져서 잘 날지 못하게 되지요. 날개에 작디작은 물방울들이 아주 많이 매달리는 셈이니까요.

작은 벌레는 무거운 날개 때문에 낮게 날게 되지요. 그러니 벌레를 잡아먹으려는 제비도 낮게 날 수밖에 없고요. 여기에서 제비가 낮게 날면 비가 온다는 말이 생겨난 거예요. 옛 어른들의 관찰력이 참 뛰어나지요?

날씨와 관계있는 속담

"거미가 집을 짓는 날은 날씨가 맑다" 거미는 비가 오는 날은 집을 짓지 않아요.

"하수구 냄새가 심하면 비가 온다" 습한 날에는 대기의 대류 현상이 활발하지 않아서 냄새가 흩어지지 않기 때문에 하수구의 냄새가 지독해져요.

오랜 세월 동안 수많은 임금이 있었어요. 조선 때 세종 임금은 그 가운데에서도 가장 많은 업적을 남긴 분이에요.

세종 임금의 업적 가운데 가장 빛나는 것은 무엇일까요? 바로 한글을 만든 일이지요.

우리나라에서는 아주 오래전부터 중국 글자인 한자를 썼어요. 우리말이 따로 있는데도 글자는 한자를 썼던 거예요. 그래서 무척 불편했지요.

그리고 한자는 글자 수가 아주 많았어요. 백성들이 배워서 쓰기에는 너무 어려웠지요. 그러니 글을 모르는 사람들이 아주 많았어요.

세종 임금은 이것을 무척 안타깝게 여겼어요.

'백성들이 책을 많이 읽어야 나라가 발전할 텐데, 지금 쓰고 있는 한자는 너무 어렵다. 또 실생활에서 쓰는 말과 다르니 백성들이 더욱 배우기 어려운 것이다.'

세종 임금은 신하들을 모아 놓고 물었어요.

"우리말을 훌륭히 나타낼 수 있는 글자를 만들어야겠소. 그대들의 생각은 어떻소?"

한 신하가 대답했어요.

"마땅한 일이옵니다."

하지만 반대하는 신하들도 있었어요. 중국 것만이 최고라고 생각하는 사람들이었어요. 우리글을 만드는 것에 반대하는 사람들은 백성 모두가 글을 알 필요는 없다고 생각했어요. 글은 자기들 같은 양반만 알아야 한다고 여긴 거예요.

그러나 세종 임금의 생각은 그렇지 않았어요.

"우리말이 있어도 그것을 기록할 우리글이 없다는 것은 부끄러운 일이오."

세종 임금은 신하들의 반대를 무릅쓰고 궁궐 안에 '언문청'을 두었어요. 언문청은 우리글을 연구하는 곳이지요. 그리고 정인지, 신숙주, 성삼문과 같은 학문이 뛰어난 신하들에게 이 일을 맡겼어요.

세종 임금은 틈만 나면 언문청을 찾았어요. 그리고 학자들과 함께 다른 나라의 글자들은 어떻게 이루어져 있는지 찾아보고 비교하며, 열심히 연구했어요.

1443년, 드디어 우리글이 완성되었어요. 모두 28자였어요.

ㄱ ㄴ ㄷ ㄹ ㅁ ㅂ ㅅ ㅇ ㅈ ㅊ ㅋ ㅌ ㅍ ㅎ

이것이 첫소리와 끝소리로 쓰이는 자음이에요.

ㅏ ㅑ ㅓ ㅕ ㅗ ㅛ ㅜ ㅠ ㅡ ㅣ

이것은 중간 소리로 쓰이는 모음이에요.

ㆍ ㅿ ㆁ ㆆ은 그전에만 쓰이다가 지금은 없어진 글자예요. 그래서 지금의 한글은 모두 24자이지요.

세종 임금은 이것을 '훈민정음'이라고 이름 지었어요. '백성을 가르치는 바른 소리'라는 뜻이에요.

그리고 1446년에 훈민정음을 책으로 만들어 세상에 내놓았어요. 《훈민정음》의 첫 장에는 이렇게 쓰여 있었어요.

"우리말과 중국의 말은 서로 다르다. 그래서 중국의 한자로 우리말을 적으려면 무척 불편하다. 우리나라 사람의 생각을 적을 우리 글자가 있어야 한다. 그래서 이 스물여덟 자를 만들었다."

훈민정음은 아주 뛰어난 글자였어요. 어떤 점이 뛰어난지 알아볼까요. 우선 한자는 뜻글이지만 훈민정음은 소리글이에요. 한자는 한 글자, 한 글자에 다른 뜻이 있어요. 그래서 아주 많은 글자를 외워야만 글을 쓸 수 있지요. 하지만 훈민정음은 28자만 외우면 쓰고 싶은 것을 모두 나타낼 수 있었어요.

그리고 소리글이니까 여러 가지 소리를 훌륭히 나타낼 수 있어요. '짹짹, 삐악삐악, 삐리리리' 등 새가 우는 소리도 여러 가지로 나타낼 수 있지요.

사람이 우리랑 똑같은 소리를 내네.

또 뛰어난 점은 ㄱㄴ과 같은 첫소리, ㅏㅑ와 같은 중간 소리, 받침인 끝소리가 합쳐져 만들어진 글자라는 점이에요. 이것을 자음과 모음이 합쳐진 글자라고 하지요. 원래 과학적이고 발전된 글자는 전 세계적으로 자음과 모음으로 이루어져 있거든요.

그리고 모양새도 아주 뛰어나요. 다른 나라의 문자 모양은 우연히 만들어진 게 많아요. 하지만 훈민정음의 모양은 그렇지 않아요. 소리를 낼 때 입과 혀의 모양을 본떠 만들었거든요. 한 소리, 한 소리가 어떻게 나오게 되는지 연구해서 이치에 따라 만들었어요.

예를 들어 'ㄱ'을 생각해 보세요. 이 소리는 혀의 안쪽이 숨구멍을 살짝 막으면서 나지요. 그래서 혀가 살짝 굽은 모양을 본떠 만들었어요. 'ㅅ'은 숨소리가 이빨 끝으로 새어 나오는 소리예요. 그

왼쪽은 훈민정음을 만든 까닭을 적은 것이고, 오른쪽은 훈민정음으로 쓴 책이에요.

래서 이빨 모양을 본떠 만들었어요.

'ㅋ'은 'ㄱ'보다 센 소리예요. 그래서 막대기를 하나 더 넣었어요. 'ㄲ'은 'ㄱ'보다 된 소리예요. 그래서 'ㄱ'을 하나 더 보태 만들었어요.

요즘 외국 사람들은 우리 한글을 보고 아주 놀라워해요. 한글을 '세계에서 가장 합리적인 글자'라고 하지요. 앞뒤가 잘 맞고 아주 과학적인 글자라는 말이에요.

그래서 우리나라에 글을 모르는 사람이 아주 적은 이유를, 과학적으로 만들어진 한글 덕분이라고도 해요. 다른 나라들에는 그 나라 글을 모르는 국민이 아주 많거든요.

하지만 처음에는 훈민정음도 푸대접을 많이 받았어요. 뭐니 뭐니 해도 중국 것인 한자가 최고라고 여기는 사람들 때문이었지요. 세종 임금이 세상을 떠난 뒤에는 더 심했어요. 특히 연산군이라는 임금은 훈민정음으로 적은 책을 다 없애 버리라고 했어요.

왜냐하면 연산군이 잘못한 일을 사람들이 훈민정음으로 옮겨 적었거든요. 그리고 이것을 몰래 거리에 붙여 놓았어요. 우리글로 썼으니 누구나 쉽게 읽을 수 있었지요. 그래서 많은 사람들이 연산군의 잘못을 알게 되었어요.

그 뒤로 나쁜 벼슬아치들은 백성들이 글을 깨치는 것을 두려워했어요. 그래서 훈민정음을 더욱 싫어하게 되었어요.

하지만 훈민정음은 더욱 널리 퍼져 나갔어요. 사람들은 우리글로 아름다운 시를 썼어요. 이야기책도 만들고요. 그래서 우리글을 더욱 아름답게 발전시켰어요.

훈민정음은 뒤에 '한글'이라는 예쁜 이름을 얻었어요. 지금으로부터 약 100년 전에 한글 학자인 주시경이 붙인 이름이에요. 한글은 '한겨레의 글, 크고 바른 한 가지의 글'이라는 뜻을 담고 있어요.

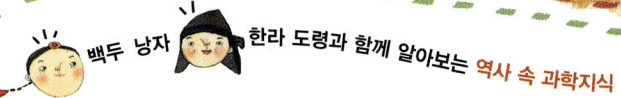
백두 낭자 한라 도령과 함께 알아보는 역사 속 과학지식

글자는 어떻게 생겨났을까?

사람들이 서로 의사소통을 하려면 말과 글이 필요해요. 그런데 말은 하는 즉시 사라져 버리는데다 멀리까지 전달하기 어렵다는 문제가 있었어요. 그래서 만들어진 것이 글자예요. 글자가 어떻게 생겨났는지 좀 더 자세히 살펴볼까요?

아주 옛날에는 제대로 된 말도, 글자도 없었어요. 사람들은 어떻게 자기 생각을 전달했을까요? 가장 먼저 자기 생각을 전달하려면 사람들끼리 약속이 필요했지요.

"먹는 것은 밥이라고 하고, 자는 곳은 집이라고 하자."

이렇게 많은 낱말들이 생겨났고, 덕분에 서로 이야기가 통하게 되었지요. 하지만 말은 얼굴을 마주 보고 있는 사람하고만 할 수 있어요. 먼 곳에 떨어져 있는 사람이나 훗날 자손들에게는 어떤 이야기도 전할 수 없었지요.

그래서 글자가 필요해졌어요. 사람들은 새로운 약속을 하기 시작했어요. 처음에는 조개껍데기나 돌, 끈 등으로 자기 생각을 나타내기로 했어요.

"조개껍데기를 하나 놓으면 이런 뜻이고 두 개 놓으면 저런 뜻이라고 하자."

하지만 이 방법도 무척 불편했어요. 사람들은 다른 방법을 궁리했어요. 이번에는 나뭇가지나 진흙에 홈을 파서 생각을 나타냈지요.

사람들의 생활은 계속 발전했어요. 전에 없던 새로운 것이 생기면 그것을 부르는 이름도 필요했어요. 낱말은 점점 더 많아졌어요.

> 낱말이 많아질수록 그때까지 사용해 온 방법은 불편했을 텐데, 다른 방법은 없었나요?

있었어요. 사람들은 그림을 그려 생각을 나타내기로 했답니다. 바로 그림글자예요. 하지만 뭐든지 그림으로 그리면 너무 복잡하겠지요? 그래서 어떤 모양새를 간단히 본떠 글자를 만들게 되었어요. 이렇게 생겨난 것 가운데 하나가 중국의 한자예요. 산의 봉우리 모양을 본떠 '山(뫼 산)'이라고 쓰고 냇물이 흐르는 모양을 본떠 '川(내 천)'이라고 썼어요. 그러다 보면 글자 수가 아주 많아졌겠지요? 이 세상에 있는 수많은 것들을 따로따로 나타내는 글자가 필요하니까요.

이런 그림글자보다 편리한 것이 소리글자였어요. 소리글자는 뜻이 아니라 소리를 담은 글자예요. 그래서 글자 수가 많을 필요가 없지요. 소리글자 덕분에 사람들의 생활은 무척 편리해졌답니다.

세계 최초의 철갑선
거북선

1591년 조선 선조 임금 때였어요. 전라도 수군 절도사 이순신은 밤이 늦도록 잠들지 못했어요. 수군 절도사란 지금의 해군 사령관과 같지요.

벌써 며칠째 이순신은 한 가지 생각에만 매달려 있었어요.

'옛날 책을 보면 쇠로 만든 배로 왜구를 물리쳤다고 쓰여 있어. 태종 임금 때 일이라지. 쇠로 만든 배라……. 어떻게 생겼을까? 쇠로 만든 배가 어떻게 물에 뜰 수 있었을까?'

당시에는 나무로 만든 배밖에 없었어요. 나무배는 부서지기 쉽고 불에 타면 순식간에 재가 되어 버렸어요.

'쇠로 배를 만든다면 나무배보다 훨씬 튼튼할 텐데……. 배 바닥을 넓게 하면 쉽게 가라앉지 않을 거야. 하지만 밑이 넓은 배는 너무 느리단 말이야. 군선이 느리면 무슨 소용이란 말인가?'

군선은 군인이 타는 배예요. 이순신은 여러 가지 배 모양을 떠올려 보았어요.

이순신의 눈빛이 갑자기 빛났어요.

'그래. 바로 이거다!'

이순신은 정신없이 그림을 그렸어요. 그렸다가 찢기를 수차례……. 이순신은 잠시 생각에 잠겼다가 다시 배 모양을 그렸어

요. 그러다 보니 밤새 한잠도 자지 못했지요.

아침이 되자 이순신은 부하인 나대용을 불렀어요. 나대용이 방에 들어서자 이순신은 직접 그린 그림을 내밀었어요. 나대용은 깜짝 놀랐어요.

'이게 도대체 뭘까? 바닥은 배 모양인데, 몸통은 꼭 거북 같군. 아주 괴상해.'

나대용이 고개를 갸웃거리며 물었어요.

"배입니까?"

이순신은 흐뭇한 미소로 대답을 대신했어요.

"물에 뜰까요?"

"암, 뜨고말고. 만들 수 있겠지?"

나대용은 배 만드는 솜씨가 뛰어난 사람이었어요.

"만들 수는 있습니다."

나대용은 그림을 찬찬히 살펴보았어요. 배 위에는 거북 등 모양으로 생긴 지붕이 덮여 있었어요. 배 앞쪽에는 용의 머리가 달려 있었고요. 두 눈을 부릅뜬 용은 크게 벌린 입으로 금방이라도 불길을 내뿜을 것 같았어요.

"배 위에 쇠로 천장을 만들어 덮는 거야. 그러면 화살이나 총알

이 아무리 쏟아져도 끄떡없지. 그리고 여기에 뾰족한 쇠못을 촘촘히 박아 놓는 거야. 적들이 배 위로 기어오르지 못하게 말이야. 배의 양쪽에는 스물두 개씩 대포 구멍을 만들고, 용의 입에서는 검은 연기를 내뿜게 해야지."

"정말 대단하십니다."

나대용은 크게 감탄했어요.

"이런 배라면 왜군이 쳐들어온다 해도 거뜬히 이겨 낼 겁니다. 왜군이 아무리 조총을 쏘아 대도 단단한 거북의 등을 뚫지는 못할 테니까요. 그런데 정말 왜군이 쳐들어올까요?"

"올 거야. 엄청나게 많은 배를 몰고서 말이야. 그러니 하루빨리 이 배를 만들어야 해. 지금 있는 낡은 배만으로는 결코 적을 막아 낼 수 없을 거네."

그즈음 나라 안에는 곧 왜군이 쳐들어올 거라고 걱정하는 사람들이 있었어요. 하지만 그럴 리가 없다고 말하는 사람들도 많았지요. 선조 임금은 어느 쪽 말이 옳은지 갈피를 잡을 수 없었어요. 그래서 일본으로 사신 두 사람을 보냈어요. 일본에 가서 군사의 움직임을 몰래 살펴보라고요. 그런데 일본에 다녀온 두 사람의 의견이 서로 달랐어요.

"걱정하지 않으셔도 됩니다. 감히 우리나라를 넘볼 수준이 못 됩니다."

"그렇지 않습니다. 우두머리인 도요토미는 아주 욕심이 많은 사람이었습니다. 싸움을 일으킬 궁리만 하는 것 같았습니다. 그리고 배를 아주 많이 만들고 있었습니다. 틀림없이 바다를 건너 쳐들어올 것입니다."

사람들은 두 패로 나뉘어 말다툼을 했어요. 선조 임금은 첫 번째 사람의 말을 믿기로 했어요. 하지만 이순신의 생각은 달랐어요.

'왜군은 틀림없이 바다를 건너 쳐들어올 것이다. 그러니 그들이 언제 쳐들어오더라도 막아 낼 수 있도록 준비를 철저히 해 두어야 한다.'

그래서 이순신은 부지런히 군인들을 훈련시켰어요. 낡은 배는 고치고 녹슨 창은 깨끗이 닦게 했지요. 이순신이 쇠로 배를 만들려고 생각한 것도 왜군 때문이었어요.

"자, 어서 서두르게."

나대용은 이순신이 준 그림을 들고 방을 나왔어요.

'장군님은 정말 대단하신 분이야. 어떻게 이런 걸 생각해 내셨을까?'

곧 배 만드는 일이 시작되었어요. 일의 지휘는 나대용이 맡았지요. 우선 배의 지붕을 덮을 쇠가 많이 필요했어요. 그래서 여기저기에서 쇠붙이를 모았어요. 나무도 아주 많이 필요했어요.

배를 만드는 바닷가에는 많은 마을 사람들이 구경을 나왔어요.

"도대체 무슨 배를 만드는데 저렇게 많은 나무가 필요하지?"

"아마 수백 척은 만들 모양이야. 그런데 저 쇠붙이로는 무엇을 하려는 걸까?"

사람들은 궁금해했어요. 그렇게 여러 날이 지나갔어요. 배를 만드는 동안에도 이순신은 군사들을 훈련시키느라 바빴어요. 화살도 새로 만들었어요. 산에 봉화대도 쌓았지요. 그러면 적이 쳐들어왔을 때 봉화를 올려 여기저기로 빨리 알릴 수 있으니까요.

드디어 배가 완성되었어요. 생김새가 꼭 거북 같았어요. 그래서 '거북선'이라고 부르기로 했어요.

"우아! 거북선이로구나. 용 머리를 가진 거북선이야."

"이런 배와 싸워 이길 적은 아무도 없을 거야!"

사람들은 모두 감탄했어요. 거북선을 바라보며 이순신은 가슴이 부풀었어요.

"여든 명이 함께 노를 젓는다. 게다가 큰 돛까지 달았으니, 바람이 불면 아주 빨리 나아갈 수 있을 것이다."

거북선의 길이는 약 20미터쯤 되었어요. 가운데 폭은 4.35미터였어요. 그리고 방이 24개 있었어요. 군사들이 쉬는 방도 있고 무기를 넣어 두는 방도 있었지요.

거북선은 세계에서 가장 처음 만들어진 철갑선이었어요. 그렇게 큰 철갑선은 그즈음 세계 어느 나라에서도 찾기 힘든 것이었지요.

　1592년 3월 27일 거북선을 물 위로 띄울 준비가 끝났어요. 많은 군사들과 백성들이 바닷가에 몰려나와 있었어요.

　조그만 배 여러 척이 줄을 달아 거북선을 바다 쪽으로 끌었어요. 군사들도 달려들어 거북선을 밀었어요. 사람들은 숨을 죽이고 지켜보았어요. 거북선은 천천히 파도 위로 나아갔어요.

　"뜬다! 뜬다!"

　"와아!"

　사람들은 일제히 환호성을 질렀어요. 거북선에 탄 군사들이 노를 젓기 시작했어요. 거북선은 힘차게 물살을 가르며 바다 한가운데로 나아갔어요.

　세계 최초의 철갑선인 거북선은 그 뒤 임진왜란 내내 우리나라의 바다를 물샐틈없이 지켜 냈답니다.

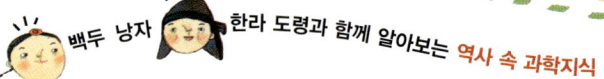

백두 낭자 한라 도령과 함께 알아보는 **역사 속 과학지식**

거북선의 활약은 어떠했을까?

세계 최초의 철갑선인 거북선은 임진왜란 때 우리나라를 단단히 지켜 냈어요. 거북선이 어떤 눈부신 활약을 펼쳤는지 한번 알아볼까요?

거북선은 누가 만들었을까요? 물론 이순신 장군이지요. 하지만 이순신 장군 혼자서 거북선을 만들었다고 할 수는 없어요. 아주 오래전부터 우리 민족의 배 만드는 기술은 매우 뛰어났거든요.

이순신 장군이 거북선을 만들기 176년 전에도 그와 비슷한 배가 있었대요. 그런데 자세한 기록이 남아 있지 않아요. 이순신 장군도 그런 배가 있었다는 것만 전해 들었을 뿐이었어요. 그래서 스스로 연구하고 상상해서 거북선을 만들었어요.

거북선은 싸움터에 나가서 어떤 활약을 했을까요? 정말로 이순신 장군의 바람대로 왜군을 무찌를 수 있었을까요, 아니면 모양만 그럴듯할 뿐 실제로는 별 소용이 없었을까요?

거북선이 완성된 해인 1592년 4월 14일, 마침내 왜군은 배 700여 척을 이끌고 부산 앞바다로 쳐들어왔어요. 임진왜란이 시작된 거예요. 사람들은 깜짝 놀랐어요. 전쟁이 일어나지 않을 거라고 믿었기 때문에 아무런 준비도 하지 않고 있었거든요. 물론 이순신 장군은 그렇지 않았지만요.

거북선의 대포 역할을 했던 총통이에요.

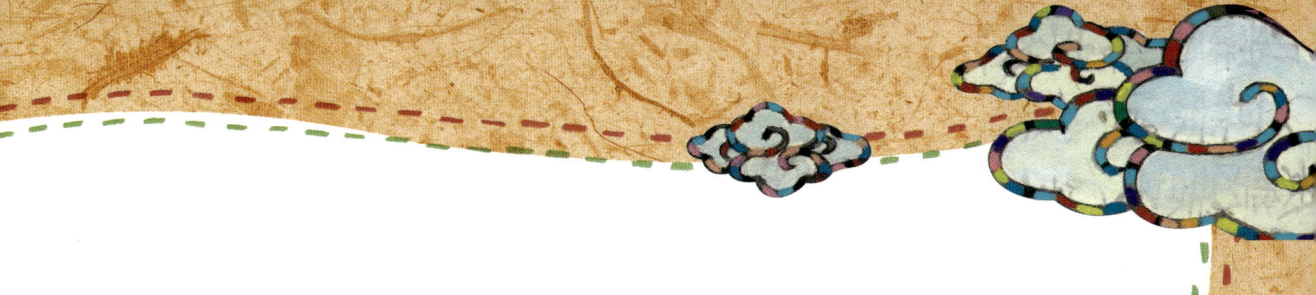

당시는 아직 거북선이 세 척밖에 만들어지지 않았던 때였어요. 다른 배인 판옥선도 많이 만들지 못했지요. 하지만 이순신 장군은 거북선과 다른 군선들을 이끌고 바다로 나아갔어요.

거북선은 전쟁터에서 어떻게 싸웠나요?

거북선은 늘 맨 앞에서 적진을 뚫고 들어가는 역할을 맡았어요. 용머리를 앞세우고 쳐들어가 대포를 쏘았지요. 거북선을 처음 보는 왜군들은 깜짝 놀랐어요. 아무리 조총을 쏘아 대도 거북선은 꿈쩍하지 않았어요. 배 위로 기어오르려던 왜군들은 쇠못에 찔렸어요. 또 거북선이 쿵 하고 들이받으면 왜선들은 종이배처럼 가라앉았어요. 거기다 용의 입에서 검은 연기가 솟아나오자 왜군들은 벌벌 떨었어요.

이순신 장군과 거북선은 사천포, 한산도 등의 바다에서 벌어진 싸움을 눈부신 승리로 이끌었어요. 싸울 때마다 적의 숫자가 훨씬 많았는데도 말이에요. 육지에서는 왜군에게 계속 지고 있었지만 바다에서만큼은 승리할 수 있었던 것은, 이순신 장군의 뛰어난 전술과 목숨 바쳐 나라를 구려고 했던 우리 군사들의 용기, 거기에 위풍당당한 거북선의 힘이 더해져 한층 큰 힘을 낸 덕분이었지요.

독립기념관에 전시되어 있는 거북선 모형이에요.

방방곡곡 흘린 땀으로 그린
대동여지도

1852년 어느 가을날이었어요. 어떤 사람이 깊은 산길을 걸어가고 있었어요. 그 사람은 아주 지쳐 보였어요. 아마도 오랫동안 여행을 하고 있는 모양이었어요. 옷은 낡아 너덜너덜하고 신고 있던 짚신도 다 해어져 있었어요.

하지만 얼굴은 무슨 생각에 골똘히 잠겨 있는 듯 보였어요. 눈빛이 초롱초롱 빛나고 있었거든요.

'음, 곧 산의 꼭대기에 닿겠구나. 거기에서는 마을들이 모두 내려다 보이겠지? 마을과 마을이 어떻게 이어져 있는지 알 수 있을 거야.'

숲길에는 나무가 많이 우거져 있었어요. 그래서 하늘이 잘 보이지 않을 때도 있었어요. 한 시간쯤 걸으니 산꼭대기에 도착했어요.

'아, 우리 강산은 정말 아름답구나.'

그 사람은 감탄했어요. 그러고는 잠시 빙그레 웃으며 서 있었지요.

'내가 지금 뭐 하고 있지? 빨리 해가 지기 전에 일을 해야지.'

그 사람은 서둘러 등에 진 봇짐을 풀었어요. 그리고 붓과 종이를 꺼냈어요. 봇짐 안에는 짚신도 여러 켤레 들어 있었어요.

'짚신을 아껴야 할 텐데, 하도 많이 걸으니 어쩔 수 없구나.'

그 사람의 이름은 김정호였어요. 김정호는 붓으로 그림을 그리기 시작했어요. 마을의 위치와 그 사이로 흐르는 강줄기를 종이에 옮겨 그리는 것이었지요. 마을 뒤에 있는 얕은 언덕도 빼놓지 않았어요.

해가 져서 어둑어둑해질 즈음에야 김정호는 일을 마치고 일어섰어요.

'자, 이제 별과 달을 보면서 산을 내려가야겠군.'

배도 고프고 몸도 피곤했어요. 하지만 봇짐 속의 두툼한 그림 뭉치를 생각하니 절로 힘이 났어요.

김정호는 마음이 흡족했어요. 우리나라의 산과 강, 마을이 어디 어디에 있는지 그려 놓은 지도를 만들고 있었으니까요. 김정호는 이미 20여 년 전에 '청구도'라는 지도를 만든 적이 있었어요. 10년 동안 나라 안을 샅샅이 둘러보고 만든 지도였지요.

하지만 김정호는 그것보다 더 정확한 지도를 만들고 싶었어요. 다시 전국을 한 군데도 빼놓지 않고 돌아볼 작정이었지요. 그래서 청구도를 완성하자마자 다시 길을 떠나 지금까지 온 것이었어요.

'이제 자료는 어느 정도 모인 것 같군. 집으로 돌아가야겠다. 하루빨리 이 그림을 정리해야 하니까.'

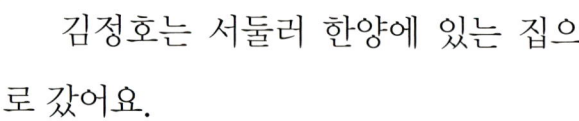

김정호는 서둘러 한양에 있는 집으로 갔어요.

너무나도 오랜만에 집에 가 보니 그만 아내가 세상을 떠난 뒤였어요. 김정호는 그것도 모르고 지도 만들기에만 정신을 쏟고 있었던 거예요.

"그토록 마음씨 곱던 사람이……. 흑흑."

아내는 김정호를 항상 따뜻하게 대해 주었어요. 김정호가 살림을 돌보지 않아도 불평 한 번 안 했지요. 오로지 지도 만드는 꿈을 이루라며 언제나 격려해 주었기에 김정호의 슬픔은 더욱 컸어요.

"아버지."

김정호에게는 순녀라는 딸이 하나 있었어요. 집을 떠날 때에는 갓난아기였는데, 어느새 예쁜 소녀로 자라 있었어요.

"어머니 대신 제가 뒷바라지해 드릴게요."

김정호는 순녀의 말을 듣고 다시 힘을 냈어요. 죽은 아내를 위해서라도 김정호는 우리나라 지도를 완성하기로 결심했지요.

'바깥세상은 어떻게 생겼을까? 저 산 너머에는 무엇이 있을까?

우리 마을과 이웃 마을은 얼마나 떨어져 있을까?'

어린 시절, 김정호는 이런 궁금증을 한눈에 풀 수 있게 지도로 만들면 얼마나 좋을까 하고 생각했어요. 물론 그때까지 김정호는 지도를 한 번도 본 적이 없었어요. 그런 것이 있다고 어른들께 얘기만 들었을 뿐이었어요.

'지도를 한 번이라도 봤으면. 아니, 내가 지도를 만들어 봤으면 좋겠다. 좋아, 언젠가는 꼭 만들 거야. 우리나라에서 가장 정확한 지도를!'

지도는 우리 생활에 많은 도움을 주어요. 우리가 살고 있는 땅을 올바로 알 수 있게 도와주니까요. 그리고 우리가 있는 곳과 다른 곳과의 거리도 쉽게 알 수 있어요. 어딘가를 찾아갈 때 지도는 큰 도움이 되지요.

김정호는 지리책을 구해 읽으며 혼자 공부했어요. 거리를 재는 방법도 연구했어요. 거리를 줄여서 그림으로 옮기는 방법도 공부했지요.

그리고 시험 삼아 자기가 살고 있던

한양의 지도를 그려 보았어요. 몇 달 동안 한양의 구석구석을 걸어다닌 뒤였어요. 한양 지도를 완성하자 김정호는 자신감을 얻었지요.

그래서 나라 전체를 담은 전국 지도를 그리기로 마음먹었던 거예요. 그 결과로 완성된 것이 '청구도'였어요. 하지만 김정호는 청구도를 완성한 뒤에도 더욱 자세한 지도를 그리려고 노력했지요. 새 지도의 자료를 모으는 데에는 20년이나 걸렸어요.

"자, 이제 밑그림을 그려야 한다."

김정호는 팔을 걷어붙이고 나섰어요. 봇짐 속에 소중히 넣어 가지고 온 그림 뭉치를 꺼냈어요. 그리고 그 그림들을 보고 종이마다 지도를 그렸어요. 전국을 여러 조각으로 나누어 자세하게 그렸지요.

밑그림이 완성되기까지는 오랜 시간이 걸렸어요. 순녀는 밤낮으로 일하는 아버지 옆에서 먹물을 갈았어요. 드디어 밑그림 지도인 '동여도'가 완성되었어요.

"아버지, 드디어 다 만드셨네요!"

순녀는 기뻐서 소리쳤어요. 하지만 김정호는 빙그레 웃으며 말했어요.

1856년 김정호가 만든 조선 전도인 '동여도'를 실물 크기대로 복원한 모습이에요.

"애야, 진짜 일은 이제부터란다. 이 밑그림을 모두 나무판에 새겨 넣어야 한다. 여러 장을 인쇄할 수 있도록 말이야. 그래야 많은 사람들이 볼 수 있지 않겠니?"

김정호는 다시 나무판 새기는 일을 시작했어요. 5년이나 걸리는 큰 작업이었어요. 1861년, 마침내 김정호는 '대동여지도'를 완성했어요.

대동여지도는 그때까지 나온 지도 가운데에서 가장 정확한 것이었어요. 하지만 무엇보다 놀라운 점은 다른 데 있었어요. 바로 김정호 혼자 힘으로 만든 지도라는 것이지요.

　김정호는 전국에 있는 산이란 산은 모두 올라가 보았어요. 강마다 강줄기를 따라 걷기도 했지요. 눈길을 헤매느라 무릎까지 눈 속에 푹푹 빠지기도 했어요. 산길에서 무서운 짐승을 만나기도 했지요.

　대동여지도는 바로 이런 수많은 어려움을 이겨 낸 김정호의 노력과 끈기로 맺은 결실이었어요.

백두 낭자 한라 도령과 함께 알아보는 **역사 속 과학지식**

우리나라에는 어떤 지도가 있었을까?

지도는 처음 가는 길도 잘 찾아갈 수 있게 도와주는 무척 편리한 도구예요. 김정호가 평생을 바쳐 만든 '대동여지도'가 나오기 전, 우리나라에는 어떤 지도들이 있었는지 한번 알아볼까요?

옛날 책에 적힌 내용을 보면 우리 조상들이 처음 지도를 만든 것은 삼국 시대라고 해요. 하지만 지도가 실제로 남아 있지 않아서 정확한 것은 알 수 없어요. 고려 시대에는 좀 더 많은 지도가 만들어졌어요. 그 가운데에서 '고려도'가 지금까지 잘 알려져 있는 지도예요. 고려 사람들의 지도 만드는 솜씨는 먼 곳까지 소문이 났어요. 다른 나라의 지도를 만들어 줄 정도였지요.

지도는 조선 시대에 더욱 발전했어요. 세종 임금 때에는 특히 여러 과학 기구가 많이 발명되었지요. 그래서 이것을 이용해 좀 더 자세한 지도를 만들 수 있었어요. 이때 만들어진 지도가 '동국여지도'예요.

세월이 흐르면서 더욱 많은 기구들이 만들어졌어요. 망원경이나 거리를

재는 여러 가지 자도 생겼어요. 그래서 한층 더 좋은 지도를 만들 수 있었지요. 특히 정상기라는 사람이 만든 '동국지도'는 퍽 뛰어난 것이었어요.

'대동여지도'가 이런 여러 지도보다 훌륭한 평가를 받는 이유는 무엇일까요?

김정호는 앞서 만들어진 여러 지도의 좋은 점을 다양하게 공부할 수 있었어요. 그리고 잘못된 점은 왜 그랬는지 그 이유를 곰곰이 생각했지요. 그러니 더 좋은 지도를 만들 수 있었겠지요? 또 30년 동안 직접 여러 곳을 샅샅이 찾아다닌 노력도 빼놓을 수 없는 이유로 들 수 있어요. 김정호는 백두산을 일곱 번이나 다녀왔다고 해요.

그 당시에는 전국이 8개 도로 나뉘어 있었는데, 김정호는 한 개의 도를 살피는 데 1년이나 걸렸다고 해요. 그래서 대동여지도에는 바닷가에 있는 아주 작은 섬까지 표시되어 있대요.

한 사람의 힘으로 그토록 정확한 지도를 만들었다니, 참 놀라운 일이지요.

지리산을 그린 대동여지도의 한 부분이에요.

온 나라에 소문난
씨 없는 수박

잘 익은 수박을 쪼개면 빨간 속살이 나오지요. 까만 씨앗이 송송 박혀 있고요.

그런데 씨앗이 없는 수박을 본 적이 있나요? 귀한 수박이지만 본 사람도 있을 거예요.

이 씨 없는 수박이 유명해진 것은 바로 우장춘 박사 덕이에요. 우장춘 박사는 세계적인 육종학자였어요. '육종학'이란 좋은 열매나 꽃을 얻으려고 씨앗을 연구하는 학문이지요.

우장춘은 1898년 일본에서 태어났어요. 아버지는 조선 사람이고 어머니는 일본 사람이었어요. 어려서 아버지를 잃은 우장춘은 어머니와 가난하게 살았어요.

하지만 우장춘은 무척 총명했어요. 일본에서 대학을 나와 농사 시험장에 취직을 했어요. 어떻게 하면 농사를 잘 지을까 연구하는 곳이었지요.

우장춘은 이곳에서 뛰어난 연구를 많이 했어요. 전 세계에 이름이 날 정도였어요.

우장춘은 직장에서 점점 높은 자리에 올랐어요. 하지만 어느 날 직장을 그만두고 말았어요. 일본 사람들이 이름을 일본 사람처럼 바꾸라고 했기 때문이에요. 우장춘은 그러느니 차라리 직장을 그만두는 게 낫다고 생각했지요.

　그때 우리나라는 일본의 지배를 받고 있었어요. 일본은 우리나라가 자기들보다 나은 것을 참지 못했어요. 그래서 우리 민족의 뛰어난 문화와 유적을 없애려고 안달이었지요.

　일본은 도자기처럼 값진 보물들을 마구 가져갔어요. 한글도 쓰지 못하게 했어요. 사람들의 이름도 일본 이름으로 바꾸라고 강요했어요.

하지만 우장춘은 일본에 살면서도 끝까지 이름을 바꾸지 않았어요. 그래서 일본 사람들은 우장춘을 감시하기도 했어요. 우장춘이 자기들에게 불리한 일을 하지 않을까 의심했던 거예요.

어머니는 우장춘에게 늘 말했어요.

"너의 조국은 아버지의 나라인 조선이란다. 그것을 잊어서는 안 된다."

우장춘은 어머니의 말씀을 가슴 깊이 새겨 두었어요. 그는 농장에 나가 농업 연구를 계속 했어요.

그러던 1945년 8월 15일에 우리나라는 해방을 맞았어요. 나라를 되찾은 것이에요. 우장춘은 이제 조국으로 돌아가야겠다고 마음먹었어요.

하지만 쉽지 않았어요. 일본 사람들은 우장춘이 계속 일본 사람으로 살기를 바랐어요. 우장춘의 훌륭한 업적은 일본의 자랑이었거든요.

그럴수록 우장춘은 뜻을 굽히지 않았어요. 1950년이 되어서야 우장춘은 겨우 일본을 떠날 수 있었어요. 조국 땅을 처음 밟으며

우장춘은 가슴이 설렜어요.

'아버지, 이제야 아버지와 저의 조국으로 돌아왔습니다.'

우장춘은 굳은 결심을 했어요.

'연구를 하루빨리 서둘러야지. 우리나라 땅에 알맞은 씨앗을 만들어야 해. 지금 우리는 배추 씨앗만 해도 일본에서 비싸게 사 오고 있으니.'

우장춘은 '한국농업과학연구소'의 소장이 되었어요. 그리고 좋은 씨앗을 만들어 내려고 노력했어요. 벌레가 먹지 않고 열매도 많이 열리는 씨앗 말이에요.

하지만 농민들은 우장춘이 만든 씨앗을 잘 믿지 않았어요. 그동안 일본에서 사 온 씨앗만 썼기 때문이지요.

연구소에서 같이 일하는 사람들조차 우장춘의 말을 믿지 않았어요.

"서로 다른 성격을 가진 두 씨앗이 있다고 생각해 보세요. 두 씨앗 가운데에서 좋은 점만 골라 새 씨앗을 만드는 것, 이것이 육종학입니다."

"잘 모르겠어요. 예를 들어 주시겠어요?"

우장춘은 고민했어요.

'어떡하면 육종학을 쉽게 알려 줄까?'

그래서 만든 것이 '씨 없는 수박'이에요. 새로운 식물을 만들 수 있다는 걸 보여 주려고 만든 것이었지요.

이 이상한 수박은 금세 방방곡곡 소문이 났어요. 사람들은 이 수박에 대해 무척 궁금해했어요.

"우장춘 박사가 씨 없는 수박을 만들었다더군."

"대단해. 참 신기하지 않나?"

"그 사람이 만든 씨앗이라면 믿을 수 있을 거야. 아주 새롭고 좋은 씨앗일 걸세."

그 뒤로 농민들도 우장춘을 믿게 되었어요. 그가 권하는 씨앗으로 농사를 짓기로 했어요.

그때 우리나라는 한국 전쟁을 치렀어요. 사람들은 아주 가난했어요. 그래서 우장춘은 더욱더 서둘러 좋은 씨앗을 만들려고 한 것이었어요. 하루빨리 사람들을 잘살게 하고 싶어서였지요.

우장춘은 이번에는 꽃밭을 가꾸며 연구하기 시작했어요.

사람들은 고개를 갸우뚱했어요.

"농사지어 먹고 살기도 바쁜데, 저 좋은 땅에다 꽃이나 심다니……."
하지만 우장춘은 이런 생각을 했어요.

'우리나라에는 천연 자원이 많지 않아. 하지만 기술이 있으면 잘 살 수 있지. 좋은 씨앗을 만드는 기술은 큰 도움이 될 거야. 앞으로 수출도 할 수 있을 테니까. 농민들이 꽃을 키워 외국에 팔면 큰돈을 벌 수 있을 거야. 하루라도 빨리 좋은 꽃씨를 만들어야 해.'

우장춘이 새로 만든 꽃 가운데 꽃잎이 두 장인 피튜니아가 있어요. 이 꽃을 겹꽃 피튜니아라고 하지요. 피튜니아는 원래 꽃잎이 한 장인 홑꽃이거든요.

겹꽃 피튜니아는 홑꽃 피튜니아보다 훨씬 화려했어요. 외국 사람들은 이 꽃을 무척 좋아했어요. 덕분에 우장춘의 이름은 외국에서 더욱 유명해졌어요.

이렇게 우장춘은 우리나라 사람들을 잘살게 하려고 늘 연구하고 노력했어요. 하지만 자신은 평생 가난하게 살았지요.

"그렇게 좋은 기술을 가지고 왜 이렇게 일만 하십니까? 박사님이 직접 회사를 차려 돈을 벌어 보시지요."

누가 이렇게 말하기라도 하면, 우장춘은 이렇게 대꾸했어요.

"나는 연구를 하는 사람이야. 돈 벌 궁리만 하면 쓰나. 언제나 실험하고 관찰하는 것이 나의 제일가는 즐거움이야."

그러던 어느 날, 우장춘은 병이 들어 눕고 말았어요. 조국으로 돌아온 지 10년도 되지 않은 1959년의 일이었어요.

'아직 할 일이 많은데…….'

사람들은 무척 안타까워했어요. 정부에서는 우장춘에게 최고 훈장을 주었어요. 우리나라와 국민들을 위해 세운 커다란 공로를 격려하기 위해서였어요.

우장춘은 자리에 누운 채로 훈장을 받았어요. 그의 눈에서 뜨거운 눈물이 흘러내렸어요.

'나의 조국이 나를 알아주었구나.'

그해 8월 10일 우장춘은 조용히 눈을 감았어요. 예순두 살의 나이였어요.

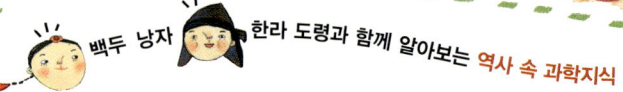

우장춘 박사가 연구할 때 가장 중요하게 여긴 것은 무엇일까?

과학에서는 '실험'과 '관찰'이 무척 중요해요. 우장춘 박사가 연구를 하는 데 있어서 가장 중요하게 여긴 것도 바로 이것이었지요. '실험'과 '관찰'이 왜 그렇게 중요한지 우장춘 박사의 이야기에서 알아볼까요?

어느 날, 우장춘 박사는 농업 연구소 안을 둘러보고 있었어요. 여기저기 연구소 직원들이 심어 놓은 식물들이 있었어요. 우장춘 박사는 한곳에 멈춰 섰어요.

"이 땅에 씨앗을 심으면 곧 썩을 텐데……."

뒤에 있던 직원이 말했어요.

"이 씨앗을 심은 사람에게 알려 줄까요?"

"아니야, 그냥 두게."

그 뒤로 몇 달이 지났어요. 씨앗을 심었던 직원이 우장춘에게 왔어요.

"박사님, 땅에 심은 감자 씨앗이 모두 썩었습니다."

"왜 그랬다고 생각하나?"

"물기가 너무 많은 땅이었나 봅니다. 나쁜 세균도 많았고요."

"맞았네!"

우장춘 박사는 웃으며 소리쳤어요. 직원은 어리둥절했지요.

"실험을 망쳐서 죄송합니다."

"망친 게 아니야. 책에서 읽은 것을 외우는 것만이 공부는 아니라네. 자기 스스로 경험해 봐야만 정확히 알 수 있지. 그게 바로 실험이야!"

우장춘 박사의 모습이에요.

우장춘 박사는 직접 실험을 해서 깨달아야 진짜 공부가 된다고 생각했어요. 그래서 연구소 직원들에게 항상 몸으로 깨치라고 말하곤 했어요. 생각만으로 대충대충 연구를 하면 안 된다는 뜻이었지요.

또한 관찰도 중요해요. 우장춘 박사는 아주 관찰력이 뛰어난 사람이었어요. 화분이 수십 개나 있어도 모두 자식처럼 알아볼 정도였거든요.

연구를 할 때에는 실험과 관찰이 아주 중요해요. 그래야 살아 있는 지식을 얻을 수 있을 뿐 아니라 정확한 결과도 얻을 수 있기 때문이지요.

관찰할 때 유의할 점

과학에서 관찰을 할 때에는 다음과 같은 것들을 미리 명확히 해 두어야 해요.

① 관찰 대상 ② 관찰 시기 ③ 관찰 방법

또 한 가지 명심할 것이 있어요. 과학적인 관찰에는 관찰하는 사람의 개인적인 판단이나 감정이 들어가서는 안 된다는 점이에요.

교과가 튼튼해지는
우리 것 우리 얘기

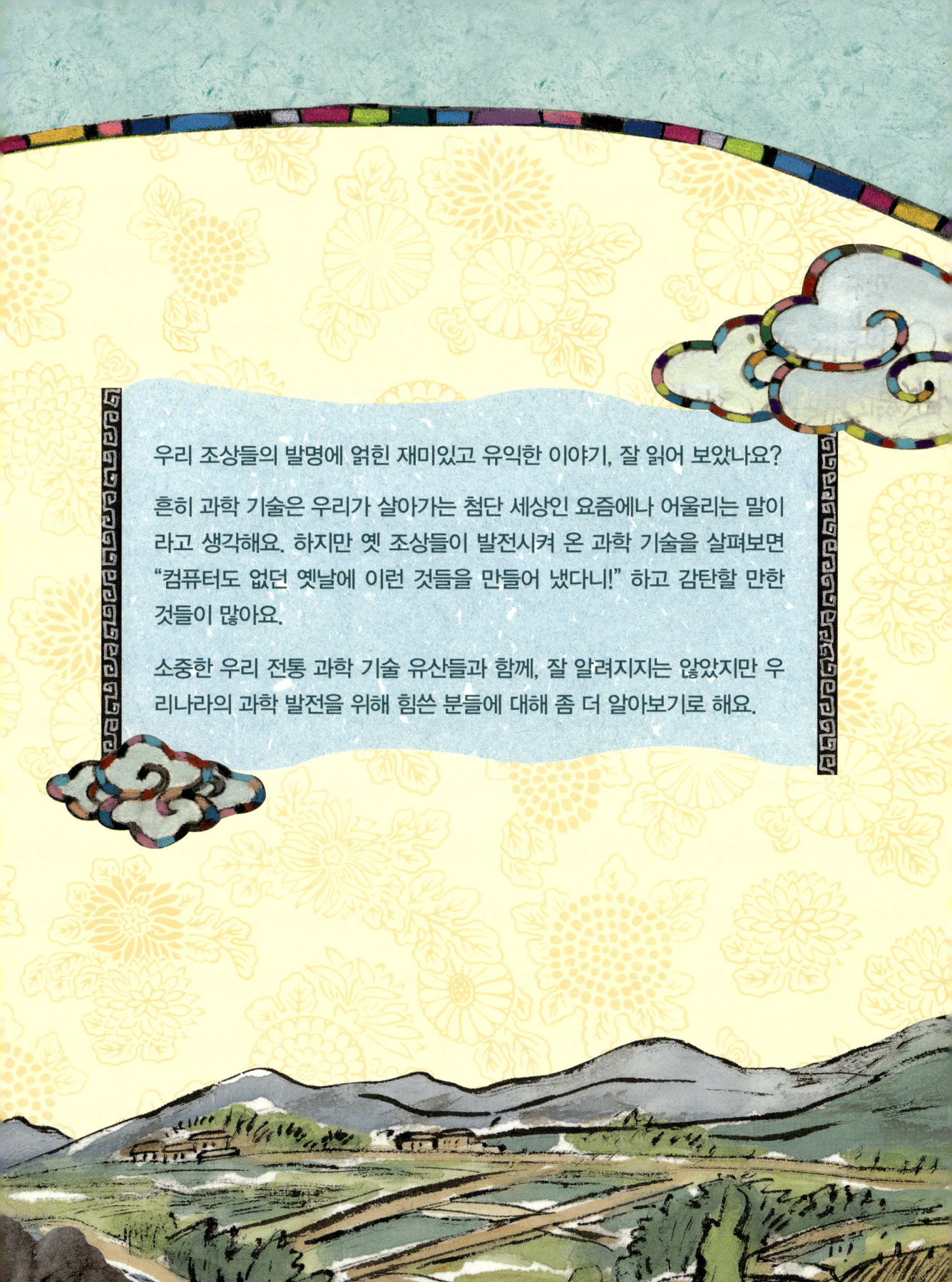

우리 조상들의 발명에 얽힌 재미있고 유익한 이야기, 잘 읽어 보았나요?

흔히 과학 기술은 우리가 살아가는 첨단 세상인 요즘에나 어울리는 말이라고 생각해요. 하지만 옛 조상들이 발전시켜 온 과학 기술을 살펴보면 "컴퓨터도 없던 옛날에 이런 것들을 만들어 냈다니!" 하고 감탄할 만한 것들이 많아요.

소중한 우리 전통 과학 기술 유산들과 함께, 잘 알려지지는 않았지만 우리나라의 과학 발전을 위해 힘쓴 분들에 대해 좀 더 알아보기로 해요.

소중한 우리의 전통 과학 기술 유산

🔸 성덕대왕 신종

771년 통일 신라 시대에 만들어진 성덕대왕 신종은 현대의 기술로도 따라갈 수 없는 맑은 소리를 가지고 있어요. 그 어디에서도 보기 드물 만큼 커다란 크기와 종에 새겨진 뛰어난 조각으로도 유명하지요. 오대산 상원사 동종과 더불어 오래전 우리 선조들의 쇠 다루는 솜씨를 잘 보여 주는 유물이에요.

경북 경주시 국립경주박물관에 있는 통일 신라 시대의 종으로 국보 제29호예요.

성덕대왕 신종의 문양들이에요.

🔸 거중기

조선 시대의 실학자 정약용은 서양 선교사인 테렌츠가 1627년에 지은 《기기도설》이라는 책을 읽고 1792년에 거중기를 만들어 냈어요. 거중기는 움직도르래인 활차와 고정도르래인 녹로를 이용해서, 원래는 완성하는 데 십 년은 걸려야 할 수원 화성을 삼 년도 걸리지 않아 완성시킨 일등 공신이지요.

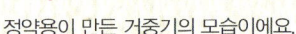

정약용이 만든 거중기의 모습이에요.

🌀 비거

비거(飛車)란 한자 풀이대로 '날아다니는 수레, 차'예요. 요즘 말로 하면 비행기라고 할 수 있지요. 1700년대 실학자인 신경준의 책 《여암전서》에 따르면 "임진왜란 때 경상도의 한 읍성이 왜적에게 포위되자, 김제 사람 정평구가 비거를 만들어 사람들을 구했다."라고 적혀 있어요. 비거는 솔개와 같은 모양이고 4명 정도 탈 수 있었으며 바람만 이용해 나는 것이 아니라, 자벌레가 몸을 굽혔다 펴듯 움직여서 운동 에너지를 만드는 기구였다고 해요.
기록대로라면 서양의 라이트 형제보다 무려 300년이 빠르니, 참 대단하지요? 지난 2000년, 공군사관학교에서 이를 복원하는 실험을 해서 비행에 성공했답니다.

🌀 온실

온실은 식물을 추위로부터 보호하기 위해 지은 집이에요. 바깥 날씨가 아무리 추워도 온실 속은 항상 따뜻해서 제철이 아닌 식물도 꽃을 피우고, 열매를 맺을 수 있지요. 지금까지 최초로 온실을 만들어 식물을 키운 곳은 1619년 독일 하이델베르크였다고 알려져 왔어요. 그런데 2001년 낡은 책들 사이에서 발견된 한 권의 책이 이 사실을 뒤집었답니다. 바로 조선 시대 궁궐의 의사인 전순의가 지은 《산가요록》이지요. 1450년대에 쓰인 이 책에는 온실을 만드는 방법이 자세히 적혀 있답니다.

경북 문경군 문경읍에 있는 첨단기술 농업시범단지 내의 온실이에요.

우리가 함께 기억해야 할 과학 위인

🌼 이천 (1376~1451)

이천은 뛰어난 장수이기도 했지만, 세종 임금 때 장영실과 함께 여러 과학 기술을 개발한 과학자이기도 해요. 간의, 일성정시의 등의 천문 기구와 앙부일구와 같은 해시계의 제작을 지휘했지요. 또한 이천이 개발한 아름다운 금속활자 갑인자는 조선 시대 활자의 기본이 되었어요. 이천은 고려 때 최무선이 개발한 화약 무기도 더욱 발전시켰어요. 특히 저울, 자, 되 등의 표준을 만들어 백성들의 생활을 편리하게 한 것은 이천이 이룬 중요한 업적으로 꼽혀요.

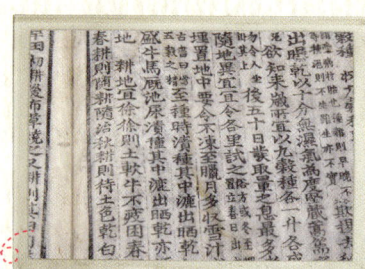
▲ 갑인자로 인쇄한 책이에요.

▲ 갑인자 모형이에요.

🌼 이순지 (1406~1465)

이순지는 세종 임금 때 활동한 천문학자예요. 평생을 천문학 연구에 바쳤지요. 중국과 아라비아 천문학을 두루 공부하고 나서, 우리나라 역사상 처음으로 다른 나라가 아닌 조선의 한양을 중심으로 하늘 관측과 계산 방법을 만들고 책을 썼어요. 이것이 바로 《칠정산》이에요. 이순지는 또한 천문학의 역사를 다룬 《제가역상집》을 비롯해서, 조선 시대 천문학의 교과서와 같은 역할을 한 《천문유초》와 《교식추보법》도 썼어요.

서호수 (1736~1799)

서호수는 정조 임금 때 천문학자로 많은 업적을 남겼어요. 국가 표준 시간 체제를 정비하고, 전국의 밤낮 시각과 절기를 정확하게 계산할 수 있게 했지요. 또한 《동국문헌비고 상위고》와 《국조역상고》 등의 책을 써, 조선 천문학의 기반을 닦았어요. 서호수는 중국과 우리나라는 중국과 기후, 풍토, 관습이 다르므로 중국의 농업 기술을 무조건 받아들일 게 아니라, 우리에게 맞는 것을 골라 받아들여야 한다고 생각했어요. 그래서 《해동농서》를 편찬하기도 했답니다.

수원 읍에 있는 화산에 사도세자의 융릉과 나란히 자리한 정조의 건릉이에요.

홍대용 (1731~1783)

홍대용은 조선 후기의 대표적인 실학자예요. 《의산문답》이라는 책에서 홍대용은 땅이 움직인다는 지동설과 우주는 끝없이 무한하다고 주장했어요. 중국이 세상의 중심이 아니므로 우리 민족이 주체성을 가지고 세상을 바라보아야 한다고도 했지요. 또 천문 기계에도 관심이 많아 직접 만들어 보기도 했어요.

지난 2005년 한국에서 발견한 우주의 한 소행성에 '홍대용'이라는 이름이 붙었어요. 최무선, 이천, 장영실, 이순지, 허준, 김정호의 이름이 소행성에 하나하나 붙었던 것과 마찬가지로요. 그러니까 지금도 하늘에는 이들 과학 위인들이 반짝반짝 빛나고 있는 거예요. 그들이 이룬 업적처럼 말이에요.

충청남도 당진에 있는 홍대용의 묘소예요.

〈오십 빛깔 우리 것 우리 얘기〉 시리즈
권별 교과 연계표

- 신 나는 열두 달 명절 이야기 — 사 3-2, 사 5-1, 사 5-2, 슬 1-2
- 관혼상제 재미있는 옛날 풍습 — 국 1-2, 국 4-1, 사 3-2, 사 5-2
- 조상들은 어떤 도구를 썼을까 — 국 2-2, 사 3-1, 사 5-1, 사 5-2
- 옛날엔 이런 직업이 있었대요 — 국 5-1, 국 6-2, 사 3-1, 사 4-2
- 꼭 가 보고 싶은 역사 유적지 — 국 4-1, 국 4-2, 사 6-1, 사 6-2
- 신토불이 우리 음식 — 국 3-1, 사 3-1, 사 5-1, 사 6-2
- 어깨동무 즐거운 우리 놀이 — 국 4-1, 사 5-2, 체 4, 즐 2-2
- 나라를 다스린 법 백성을 위한 제도 — 사 3-2, 사 4-1, 사 6-1, 사 6-2
- 하늘을 감동시킨 효자 이야기 — 도 3-1, 도 5, 바 1-1, 바 2-2
- 오천 년 지혜 담긴 건물 이야기 — 국 4-1, 국 4-2, 사 5-1, 사 5-2
- 세계가 놀란 발명 이야기 — 국 3-1, 국 5-2, 사 3-1, 사 5-2
- 빛나는 보물 우리 사찰 — 국 4-1, 사 6-2, 바 2-2
- 나라의 자랑 국보 이야기 — 국 5-2, 사 6-1, 사 6-2, 바 2-2
- 나라를 지킨 호랑이 장군들 — 국 4-2, 국 6-1, 사 6-1, 바 2-2
- 오천 년 우리 도읍지 — 국 4-1, 사 5-2, 사 6-1
- 하늘이 내린 시조 임금님들 — 국 6-2, 사 5-2, 사 6-1, 바 2-2
- 옛날 관청과 공공시설 — 사 3-1, 사 3-2, 사 6-1, 사 6-2
- 옛사람들의 우정 이야기 — 국 4-1, 국 6-2, 도 3-1, 바 1-1
- 얼쑤 흥겨운 가락 신 나는 춤 — 국 6-1, 국 6-2, 사 3-1, 음 3
- 아름다운 독도와 우리 섬 — 국 2-1, 국 4-1, 국 5-2, 사 4-1
- 오천 년 우리 강 이야기 — 사 3-2, 사 5-1

- 생명의 보물 창고 우리 생태지　국 2-1　국 4-2　사 6-1　과 5-2
- 우리가 지켜야 할 천연기념물　국 2-1　과 3-2　과 4-1　과 5-2
- 놀라운 발견 생활의 지혜　국 2-1　국 2-2　사 3-1　사 5-1
- 옛사람들의 교통과 통신　사 3-2　사 4-1　사 5-2
- 민족의 영웅 독립운동가　국 6-2　사 6-1　바 2-2
- 교과서 속 우리 고전　국 3-1　국 4-2　국 5-1　국 6-2
- 우리 국토 수놓은 식물 이야기　국 1-1　국 5-1　과 4-2　바 1-2
- 우리 조상들의 신앙생활　국 5-2　사 3-2　사 5-2　사 6-1
- 안녕 꾸러기 친구 도깨비야　국 2-2　국 3-1　국 4-1　사 3-2
- 빛나는 솜씨 뛰어난 재주꾼들　국 4-2　사 6-1　음 4　미 3, 4
- 아름다운 궁궐 이야기　국 4-1　사 6-1　미 5　바 2-2
- 전설 따라 팔도 명산　국 2-1　국 2-2　사 5-1　음 6
- 방방곡곡 우리 특산물　사 3-1　사 4-1　사 5-2
- 수수께끼를 간직한 자연과 문화　국 4-1　국 5-2　바 2-2
- 알쏭달쏭 열두 띠 이야기　국 3-1　사 3-2　사 5-2　사 6-1
- 천하제일 자린고비 이야기　국 6-2　사 4-2　도 5　실 5
- 본받아야 할 우리 예절　국 3-2　도 4-1　도 5　바 2-1
- 이야기가 술술 우리 신화　국 1-2　국 6-2　사 3-2　사 5-2
- 머리에 쏙쏙 선조들의 공부법　국 4-1　국 4-2　국 6-2　도 3-1
- 역사를 빛낸 여자의 힘　사 6-1　바 2-2
- 신명 나는 우리 축제　사 3-1　사 4-1
- 우리가 알아야 할 북한 문화재　국 4-2　사 5-1　바 2-2
- 조상들의 지혜 전통 의학　사 5-1　사 5-2　과 5-2
- 큰 부자들의 경제 이야기　사 3-2　사 4-2　사 5-2　슬 2-2
- 멋스러운 옛시조 흥겨운 우리 노래　국 3-1　국 4-1　국 5-1　국 6-1
- 봄 여름 가을 겨울 24절기　사 5-1　사 6-1　과 6-2　슬 6-2
- 멋스러운 우리 옛 그림　국 4-2　사 6-1　미 3, 4　미 5
- 나누는 즐거움 우리 공동체　국 1-2　사 3-1　사 5-2　체 4
- 정다운 우리나라 동물 이야기　국 2-1　국 3-1　국 4-1　과 3-2

오십 빛깔 우리 것 우리 얘기 11

세계가 놀란 발명 이야기

초판 1쇄 인쇄 | 2011년 1월 26일
7쇄 발행 | 2023년 4월 6일

글쓴이 | 우리누리
그린이 | 백명식

발행인 | 박장희
부문대표 | 정철근
제작총괄 | 이정아
편집장 | 조한별

디자인 | 디자인꼼

발행처 | 중앙일보에스(주)
주소 | (03909) 서울시 마포구 상암산로 48-6
등록 | 2008년 1월 25일 제2014-000178호
문의 | jbooks@joongang.co.kr
홈페이지 | jbooks.joins.com
네이버 포스트 | post.naver.com/joongangbooks
인스타그램 | @j__books

ⓒ 우리누리 2011

ISBN 978-89-278-0104-7 14800
      978-89-278-0092-7 14800(세트)

- 이 책은 저작권법에 따라 보호받는 저작물이므로 무단 전재와 무단 복제를 금하며 책 내용의 전부 또는 일부를 이용하려면 반드시 저작권자와 중앙일보에스(주)의 서면 동의를 받아야 합니다.
- 책값은 뒤표지에 있습니다.
- 잘못된 책은 구입처에서 바꿔 드립니다.

주니어중앙은 중앙일보에스(주)의 어린이 책 브랜드입니다.